RARET

A GUERRA FRIA COMBATIDA A PARTIR DA CHARNECA RIBATEJANA

Título original:
RARET: A Guerra Fria Combatida a partir da Charneca Ribatejana

Revisão: Edições Almedina

Capa: Joana Carvalho

Imagens da capa e da contracapa: RARET, Interiores das instalações do centro emissor (Glória do Ribatejo), Salvaterra de Magos, Portugal © Mário Novais, Estúdio Mário Novais / Biblioteca de Arte e Arquivos, Fundação Calouste Gulbenkian

Depósito Legal n.º

Biblioteca Nacional de Portugal – Catalogação na Publicação

HERDEIRO, Vítor Madail

RARET: A Guerra Fria Combatida a partir da Charneca Ribatejana. – (Extra-coleção)
ISBN 978-972-44-2537-5

CDU 94(469)"1950/1995"

Paginação:
João Jegundo

Impressão e acabamento:
?????
para
EDIÇÕES 70
dezembro de 2021

EDIÇÕES 70, uma chancela de Edições Almedina, S.A.
LEAP CENTER – Espaço Amoreiras
Rua D. João V, n.º 24, 1.03 - 1250-091 Lisboa – Portugal
e-mail: editoras@grupoalmedina.net

RARET

A GUERRA FRIA COMBATIDA A PARTIR DA CHARNECA RIBATEJANA

VITOR MADAIL HERDEIRO

70

Agradecimentos

Quero agradecer a todos aqueles que de uma forma ou de outra, directa ou indirectamente, contribuíram para a realização e conclusão desta investigação.

À Professora Ana Mónica Fonseca pela orientação, estímulo, acompanhamento e sábio aconselhamento que ao longo da realização desta investigação me facultou e que em muito contribuíram para enaltecer a mesma, e sem os quais não teria sido possível realizá-la.

Aos meus professores e professoras que ao longo do meu percurso de aprendizagem, tanto na licenciatura, como no mestrado em História Moderna e Contemporânea, no ISCTE-IUL, contribuíram para a minha formação académica numa fase adiantada da minha vida.

À minha família quero expressar o meu agradecimento pelo apoio, o estímulo e o carinho de que fui alvo ao longo dos últimos cinco anos.

Vista da entrada principal da RARET, Glória do Ribatejo
(fotografia s/d, CFT003 087138.ic).

Índice

Prefácio

Quando comecei a escrever para cinema e televisão, uma das primeiras lições que tive é que devemos evitar as coincidências, que essas situações enfraquecem a narrativa, que mostram falta de criatividade por parte do argumentista, pondo em causa a verossimilhança. No entanto, a minha vida tem sido marcada por felizes coincidências e também o convite para escrever este prefácio foi uma delas. A dissertação do Vítor Madaíl Herdeiro chegou-me pelas mãos do Marcos Cardão, um historiador e amigo de infância, que havia sido o seu arguente na defesa para a obtenção do grau de mestre, durante a rodagem da série *Glória*.

A RARET parece ter sido um segredo bem guardado e, de um fôlego, duas obras de natureza aparentemente diferente nasciam sob um mesmo tema que tinha estado na sombra demasiados anos. É difícil compreender como um complexo de duzentos hectares, onde trabalhavam cerca de quinhentas pessoas, para além das muitas crianças e jovens que frequentavam a escola, e que funcionou durante mais de quarenta anos, poderia ser desconhecido da opinião pública ou mesmo dos historiadores que se dedicam à investigação da nossa história recente.

Como cresci com estas histórias assumi com naturalidade que era do conhecimento público uma situação que vim a perceber ser tão extraordinariamente complexa e desconhecida da generalidade da minha geração, como das gerações que ainda têm memória desse país cinzento da ditadura Salazarista. A minha família materna trabalhou na Emissora Nacional, cresci naqueles corredores, assisti a muitas emissões de programas, concertos de orquestras que eram gravados para a Antena 2, sentado num canto do antigo estúdio da Rua do Quelhas, transformado agora em condomínio. Ainda hoje quando entro num estúdio de rádio sou assaltado por essas recordações e pelas histórias que o meu avô contava sobre o Serão para Trabalhadores, o Festival da Canção Portuguesa ou a Volta a Portugal em Bicicleta. Mas outras histórias surgiam nessas conversas sobre a rádio, e uma delas era recorrente, as visitas à cidade americana no Ribatejo, a RARET. Foram as suas muitas histórias o gérmen do que viria a ser a série *Glória*, que é uma obra ficcional, mas ancorada numa realidade que é um fresco da sociedade da época, das suas estruturas sociais, mentais, das dinâmicas familiares e de género.

Então, como é que se explica o desconhecimento generalizado deste centro retransmissor no nosso país e do papel relevante que teve na guerra hertziana que fez parte das estratégias de propaganda e contra-propaganda entre os Estados Unidos e a União Soviética na década de 1950 e seguintes? Esta é uma pergunta que fiz repetidamente a mim próprio durante a investigação que levei a cabo durante mais de dois anos, uma viagem que me levou por arquivos públicos nacionais e estrangeiros, que me permitiu conversar com ex-funcionários e percorrer os edifícios agora devolutos da RARET onde muita documentação ainda jaz pelas divisões.

A obra que agora têm nas mãos construiu-se de forma diversa, como um objecto de investigação, um trabalho académico rigoroso na forma como trabalha as fontes, como problematiza o tema cruzando áreas como a diplomacia, propaganda, rádio e Guerra Fria. Mas o trabalho académico só cumpre verdadeiramente o seu propósito quando sai das paredes da universidade para o espaço público. E aqui encontram-se os nossos caminhos, naquilo que aparentemente não tem ligação, o mundo do historiador e o mundo do argumentista, realidade e ficção, polos opostos ou simplesmente duas formas diferentes de tentar captar as possibilidades do que foi o passado. No meu entender, a ficção, tal como a historiografia, terá um papel importante na criação da consciência histórica e da memória colectiva, o que nem sempre é uma construção pacífica porque invariáveis vezes questionam as nossas crenças e (pre)conceitos.

De forma diferente, em simultâneo, e sem sabermos, trilhámos os nossos caminhos para trazer ao conhecimento do público a história do centro retransmissor da Rádio Free Europe, do papel que a rádio teve na guerra de propaganda no período da Guerra Fria, da relação institucional entre Portugal e os Estados Unidos, mas também, numa dimensão menos institucional, do que foi a presença americana naquela comunidade rural que vivia em grande isolamento.

Espero que leiam a obra com o entusiasmo que merece, porque a historiografia nasce nos arquivos, nas bibliotecas, nos centros de investigação, mas o seu propósito só é completamente concretizado quando chega a todos, porque um historiador também deve ser um divulgador. E esta obra que agora vão ler tem o rigor a que a investigação histórica obriga, mas também a capacidade para comunicar com o público não especialista, tornando-se um discurso e uma reflecção sobre o país que fomos e o papel que tivemos na Guerra Fria.

Pedro Lopes
Autor de *Glória*

Vista lateral da entrada principal do Centro Emissor da RARET; ao centro, as bandeiras nacionais de Portugal e dos EUA, ao fundo, à esquerda, a zona residencial (fotografia s/d CFT003 072358.ic).

Nota Introdutória

A historiografia da Guerra Fria incorporou nas últimas décadas novas áreas de estudo, tais como: diplomacia pública e *soft power*, estudos de propaganda e o uso dos meios de comunicação social colocados ao serviço dos estados no contexto geral do conflito Leste-Oeste.

A 19 de Dezembro de 1950, Lincoln MacVeagh, embaixador dos Estados Unidos em Portugal, foi recebido em audiência pelo presidente do Conselho de Ministros, Oliveira Salazar. A audiência tinha dois objectivos: revelar às autoridades portuguesas os esforços realizados pelos Estados Unidos no combate à expansão do comunismo na Europa e, ao mesmo tempo, convidá-lo a participar nessa luta, autorizando para tal a construção de um centro de retransmissão da Radio Free Europe (RFE) em Portugal. Nenhuma outra documentação é conhecida sobre as conclusões dessa audiência, exceto um «Aide Mémoire» elaborado na época. Porém, desde a reunião inicial em São Bento até à constituição da Sociedade Anónima de Rádio Retransmissão (RARET), a 10 Abril de 1951, cinco meses se passaram. Tendo a primeira retransmissão da RARET ocorrido a 4 de Julho de 1951.

A adesão das autoridades portuguesas à iniciativa americana colocou Portugal no epicentro de um combate hertziano que envolveu os dois blocos ideológicos da Guerra Fria ao longo de quarenta e cinco anos.

Pretende-se com esta investigação contribuir para o estudo das relações luso-americanas durante a Guerra Fria, revelando o papel desempenhado pelas autoridades portuguesas no contexto da luta ideológica então travada e que ajudou a definir a segunda metade do século XX. Fazemo-lo a partir de um objecto de estudo, a RARET, cuja duração temporal inicialmente prevista era de uma década, mas que na realidade durou quatro décadas e meia, constituindo-se como a «espinha dorsal» de um sistema de radiodifusão internacional da maior importância para a política externa dos Estados Unidos no âmbito da projeção do seu *soft power*. A escolha do tema justifica-se como mais um elemento para a compreensão daquilo que foram as relações entre Portugal e os EUA nos primórdios da Guerra Fria e o modo como as autoridades portuguesas capitalizaram a luta anti-comunista e anti--soviética travada pelos Estados Unidos como mais um elemento da sua afirmação e inserção na esfera de influência da nova potência ocidental.

Visão pormenorizada do padrão comemorativo da aliança luso-americana.
Ao centro encontra-se uma réplica do Sino da Liberdade
(fotografia s/d, CFT003 012571.ic).

Glossário de Siglas

ACLPR – *American Committee for the Liberation of the People of Russia* (Comité Americano para a Libertação dos Povos da Rússia)

AMCOMLIB – *American Committee for Liberation from Bolshevism* (Comité Americano para a Libertação do Bolchevismo)

AOS – Arquivo Oliveira Salazar

CIA – *Central Intelligence Agency* (Agência Central de Inteligência)

COMECOM – Conselho para Assistência Económica Mútua

ERP – *European Recovery Program* (Programa de Recuperação Económica/Plano Marshall)

EUA – *Estados Unidos da América*

FPC – Fundação Portuguesa Comunicações

FOIA – *Freedom of Information Act* (Lei da Liberdade de Informação)

NARA – *National Archives and Records Administration* (Arquivos Nacionais dos EUA)

NATO – *North Atlantic Treaty Organization* (Organização do Tratado do Atlântico Norte)

NSC – *National Security Council* (Conselho Nacional de Segurança)

NCFE – *National Committee for a Free Europe* (Comité National para uma Europa Livre)

OAC – *Online Archive of California* (Arquivo Online da California)
OECE – Organização Europeia de Cooperação Económica
ONU – Organização das Nações Unidas
OPC – *Office of Policy Coordination* (Gabinete de Coordenação Política)
OSS – *Office of Strategic Services* (Agência de Serviços Estratégicos dos Estados Unidos da América)
RARET – Rádio Retransmissão
RFE – *Radio Free Europe* (Rádio Europa Livre)
RL – *Radio Liberty* (Rádio Liberdade)
RCP – Rádio Club Português
RIAS – *Radio in American Sector* (Rádio no Sector Americano)
SN – Sociedade das Nações
SPN – Secretariado da Propaganda Nacional
USIA – *United States Information Agency* (Agência de Informação dos EUA)

Introdução

É objectivo desta investigação analisar o envolvimento das autoridades portuguesas com o National Committee for a Free Europe (NCFE) – organização anti-comunista fundada nos EUA em 1949 – e cuja criação se ficou a dever à acção combinada do Departamento de Estado e da Central Intelligence Agency (CIA). A materialização do acordo firmado entre as autoridades portuguesas e o National Committee for a Free Europe, em 1951, tinha como objectivo a construção de um centro retransmissor da Radio Free Europe (RFE) em território português, destinado à difusão de emissões radiofónicas para os países da Cortina de Ferro. O período cronológico aqui analisado abarca um total de doze anos, desde 1951, data da assinatura do contrato de concessão entre as autoridades portuguesas e a RARET, e estende-se até 1963, data da renovação do mesmo, após um período de tensão nas relações luso-americanas no início da década de 1960.

A aliança entre as autoridades portuguesas e o National Committee for a Free Europe viabilizou a utilização do espaço radioeléctrico português, ao mesmo tempo que colocou o conhecimento técnico e a mão-de-obra nacionais ao serviço dos fins e objectivos definidos pela RFE. A emissora norte-americana retransmitiu a partir de Portugal os conteúdos radiofónicos, produzidos em Nova Iorque e em Munique, ao longo de quarenta e cinco anos, ou seja, até 1996.

O presente livro visa contribuir para um aprofundamento dos estudos acerca das relações luso-americanas, tomando como objecto de estudo a parceria firmada entre as autoridades portuguesas e o National Committee for a Free Europe, posteriormente designado Free Europe Committee (FEC) e a Radio Free Europe, nos primórdios da Guerra Fria. A presença do NCFE em Portugal por mais de quatro décadas, a par da ausência de estudos sobre o tema de um ponto de vista português, justifica o interesse e estimula a curiosidade sobre uma dimensão pouco explorada do conflito ideológico que marcou a segunda metade do século XX – a utilização das rádios ao serviço dos estados enquanto veículos de comunicação de massas.

A participação de Portugal nesta aliança anti-comunista obrigou à constituição de uma empresa – a RARET – especialmente vocacionada para albergar os objectivos da Radio Free Europe, funcionando como subsidiária da emissora norte-americana em Portugal.

A Sociedade de Anónima de Rádio Retransmissão SARL, popularmente identificada como a «rádio dos americanos», e, após o 25 de Abril de 1974, como a «rádio da CIA», passou à história como RARET. Tinha a sede em Lisboa, no edifício da Garagem Monumental, na zona do Areeiro, e centros receptores e retransmissores na Maxoqueira e na Glória do Ribatejo, concelho de Salvaterra de Magos. Para trás ficou uma memória física, pontuada por antenas e edifícios, em conjunto com uma memória vivida por todos aqueles que aí trabalharam e que agora convém resgatar, acrescentando mais um capítulo à história das relações luso-americanas na segunda metade do século XX.

O National Committee for a Free Europe

O National Committee for a Free Europe tinha como missão combater a influência soviética nos países da Europa de Leste e Central – comummente chamados países da Cortina de Ferro –, utilizando para o efeito alguns naturais desses países, que se encontravam refugiados ou exilados na Alemanha ocupada pelas forças aliadas no imediato pós-Segunda Guerra Mundial. O Departamento de Estado dos EUA e a CIA foram os principais promotores da iniciativa, através do Office of Policy Coordination (OPC), liderado por Frank Wisner.[1] Integravam os quadros do NCFE destacadas personalidades da vida política e empresarial norte-americana, tais como Allan Dulles, Henry Luce, C.D. Jackson, William P. Durkee ou H. Gregory Thomas, entre outros.[2]

---

[1] Michael Warner (1998) «The CIA'S Office of Policy Coordination: From NSC 10/2 to NSC 68», *International Journal of Intelligence and Counter Intelligence*, 11:2, 211-220, DOI: 10.1080/08850609808435373, disponível em https://doi.org/10.1080/08850609808435373

[2] «Studies in Intelligence Supplement», *Office of Policy Coordination 1948-1952,*vol. 17, n.º 2, Verão de 1973, pp. 1-24, disponível em https://www.cia.gov/library/readingroom/docs/1973-06-01.pdf

Paralelamente foi organizada uma campanha pública de angariação de fundos, designada Crusade for Freedom,[3] que tinha em Dwight Eisenhower a sua figura de maior relevo.[4] Das várias iniciativas desenvolvidas pelo National Committee for a Free Europe destacou-se a criação da Radio Free Europe, em 1950. Emissora de radiodifusão, cuja programação de teor propagandístico e anti-comunista visava os países da Cortina de Ferro, e cuja orientação e organização interna se baseavam no princípio de rádios no exílio – *surrogate broadcasting* –, emitia para o interior dos países visados, tendo como modelo a actuação da BBC durante a Segunda Guerra Mundial e o apoio fornecido à Forças Francesas Livres.

Os objectivos da Crusade for Freedom e da Radio Free Europe eram essencialmente os mesmos: «dizer a verdade» para assim «ganhar os corações e as mentes» do público na luta contra o comunismo. Porém, estavam apontados a públicos diferentes: a primeira visava o público interno, ou seja, os cidadãos norte-americanos, ao passo que a segunda pretendia chegar ao público externo, ou seja, às populações que se encontravam para lá da Cortina de Ferro.[5]

Contudo, a «verdade» nunca é só uma. Num mundo bipolar, dividido entre capitalistas e comunistas, ambos desenvolveram as suas «verdades», por norma enaltecendo-se a si próprios e diabolizando o adversário. A sujeição a campanhas de propaganda influenciou e condicionou mutuamente a construção de uma imagem fidedigna do outro, em ambos os lados da Cortina de Ferro. Ao fazê-lo, a cultura

---

[3] Memorando enviado ao Secretário da Defesa dos EUA pelo director da CIA, Allan Dulles, a 1 de Outubro de 1953. Assunto: «*Crusade for freedom*», disponível em www.cia.gov/library/readingroom/docs/CIA-RDP80R01731R001300220014

[4] Eisenhower, Dwight D., «The Crusade for Freedom: Truth Our Most Formidable Weapon», *Vital Speeches of the Day*, vol. xvi, n.º 24, Outubro de 1950, pp. 746-747. www.vsotd.com/speech-archive Consultado em 10.07.2019. Uma análise do discurso pode ser consultada em: Medhurst, Martin J., «Eisenhower and the Crusade for Freedom: The Rhetorical Origins of a Cold War Campaign», *Presidential Studies Quarterly*, n.º 4, vol. 27, 1997, pp. 646-661.

[5] Cummings, Richard, *Crusade for Freedom: Rallying Americans Behind Cold War Broadcasting, 1950-1960*, McFarland & Co., 2010, pp. 2-3.

política da Guerra Fria condicionou e moldou os critérios de análise das próprias experiências individuais.[6]

Porém, existiram outros actores e factos que concorreram para a acção das rádios e que carecem de estudo. A participação portuguesa, solicitada pelos EUA a Oliveira Salazar logo em 1950, e formalizada nos primeiros meses de 1951, insere-se neste contexto. É propósito deste livro abordar a relação formalizada entre as autoridades portuguesas e a National Committee for a Free Europe/Radio Free Europe, que permitiu a instalação em território português de um dos mais potentes centros emissores de ondas curtas do mundo – o Centro Emissor da RARET.

Estado da Arte

A historiografia da Guerra Fria incorporou nas últimas décadas novas temáticas e objectos de estudo, como sejam o do papel das rádios e a sua utilização enquanto meios de comunicação de massas ao serviço dos estados. O debate cultural em torno da Guerra Fria, sua génese e manutenção, abriu igualmente novas possibilidades de investigação a partir de diferentes perspectivas.

A centralidade dos meios de radiodifusão nos esforços norte-americanos para conter a influência soviética surge neste contexto como um importante objecto de análise e investigação. Até ao momento, a grande maioria de trabalhos realizados sobre as iniciativas dos EUA no domínio da propaganda, diplomacia pública e radiodifusão durante a Guerra Fria debruçaram-se unicamente sobre o papel desempenhado por diferentes agentes e organizações norte-americanas, tendo em consideração a perspectiva norte-americana.

Para a presente investigação foi seleccionado um conjunto de obras cuja relevância dos autores e amplitude das perspectivas, interpretações e fontes consultadas permitem delinear uma visão abrangente sobre a Guerra Fria, relacionando as visões tradicionais com novas perspectivas sobre a diplomacia pública, a retórica e os usos da propaganda,

---

[6] Feinber, Melissa, *Curtain of Lies: The Battle over Truth in Stalinist Eastern Europe*, pp. 14-15.

e a utilização dos meios de comunicação de massas enquanto armas utilizadas pela política externa dos EUA.

No que toca às fontes e documentação de arquivo procurei cruzar as provenientes de arquivos nacionais com as de arquivos estrangeiros, retirando daí os elementos necessários para entender não só o convite feito a Portugal, como a sua aceitação. Especialmente neste ponto, uma vez que é conhecido o pensamento de Oliveira Salazar relativamente aos norte-americanos, convém esclarecer de forma sucinta.

Finda a Segunda Guerra Mundial e derrotados os totalitarismos – alemão e japonês – a nova ameaça na Europa seria protagonizada pela URSS e pela ideologia comunista. No ponto de vista de Salazar, a reconstrução europeia dependeria da dinamização dos espaços coloniais, em prol da Europa, permitindo a sua reconstrução, restituindo-lhe o papel central no sistema internacional. Porém, as nações europeias careciam dos recursos para tal tarefa e os povos colonizados almejavam a independência, conforme previa a Carta das Nações Unidas. Desconfiado das ambições dos EUA sob o hemisfério ocidental e temendo a ameaça soviética sobre o continente europeu, Salazar confiava na Inglaterra como garante da independência nacional. A vitória das democracias colocava desafios à continuidade do regime político português, razão mais do que suficiente para que algo mudasse, em função da manutenção do regime. Explica-se assim o cuidado que teve nos diversos processos negociais, liderados pelos EUA, embora estivesse consciente da crescente hegemonia atribuída aos EUA no pós-Segunda Guerra Mundial.

As facilidades concedidas a partir de 1943, primeiro a ingleses e mais tarde a norte-americanos, para o estabelecimento de bases militares nos Açores, garantiram a sobrevivência do regime do Estado Novo, permitindo uma transição segura e uma coexistência pacífica com as democracias ocidentais no contexto da nova ordem internacional pós-Segunda Guerra Mundial.

Porém, Salazar mantinha reservas face ao que classificava como a nova «época doentia»[7] e a «instabilidade das ideias e dos sentimentos»[8]

---

[7] MATTOSO, José (Dir.), *História de Portugal, vol. 7, Estado Novo (1926-1974)*, p. 401.

[8] SALAZAR, António, *Discursos e Notas Políticas 1928 a 1966*, p. 4001.

que a caracterizavam. Assim, as questões de fundo que opunham o dirigente do Estado Novo à nova potência ocidental, os EUA, tinham que ver com a posição anti-colonialista assumida na Carta do Atlântico, e mais tarde na Carta das Nações Unidas, e com a defesa da democracia como regime político. Ambas chocavam directamente com os pressupostos políticos defendidos por Oliveira Salazar, causando desconforto no relacionamento com os EUA. Contudo, a ameaça soviética e a expansão do comunismo na Europa pós-1945 constituíram-se como pontos de convergência dos interesses portugueses e norte-americanos nos primórdios da Guerra Fria.

Esta colaboração luso-americana, ou seja, a construção em território português de instalações de radiodifusão directamente apontadas aos países da Cortina de Ferro e a utilização do espaço radioeléctrico nacional na «guerra hertziana» travada nos céus europeus, permite-nos fornecer mais uma peça ao *puzzle* do grande quadro que foi a relação de Portugal com os EUA, na segunda metade do século XX, e o modo como o Estado Novo utilizou todos os mecanismos ao seu dispor em prol da sua sobrevivência, num tempo em que os fundamentos da política internacional ameaçavam as bases nas quais assentava.

Ausente das preocupações e dos trabalhos até agora produzidos pelos historiadores que abordam o papel das rádios ocidentais durante a Guerra Fria, está o papel protagonizado pelas autoridades portuguesas, bem como o seu grau de envolvimento na construção, manutenção e gestão daquele que foi o maior e mais potente Centro Emissor da Radio Free Europe localizado na Glória do Ribatejo.

Apesar de vários autores terem sinalizado a importância da aliança luso-americana que possibilitou a construção da RARET, os poucos trabalhos que versam sobre o tema não analisam de forma sistemática o papel desempenhado pelas autoridades portuguesas, nem tão pouco o seu grau de envolvimento nas iniciativas protagonizadas pelos EUA, ou a sua importância para as relações luso-americanas durante a Guerra Fria. Permanecia, assim, uma lacuna na historiografia que se debruça sobre as relações luso-americanas no pós-Segunda Guerra Mundial, e que explorou, entre outros assuntos, a adesão de Portugal à NATO, o relacionamento entre Salazar e Kennedy, a participação portuguesa no Plano Marshall ou ainda as relações luso-americanas durante o período de transição democrática, na sequência do golpe militar de 25 de Abril de 1974.[9]

Espero contribuir para acrescentar um novo capítulo no estudo das relações entre Portugal e os EUA, nos primórdios da Guerra Fria, e da utilização dos meios de comunicação de massas, no que toca ao combate ideológico e cultural subsequente. Ao mesmo tempo, pretende este livro revelar as razões da adesão das autoridades portuguesas ao convite dos EUA, perceber qual foi contributo português nesta iniciativa, bem como o seu grau de envolvimento e empenho. Por fim, aferir o peso e a importância das facilidades concedidas aos EUA pelas autoridades portuguesas, no contexto da Guerra Fria, na perspectiva da «guerra hertziana», desenvolvida ao longo de quarenta e cinco anos a partir do território português.

---

[9] TELLO, António, *Portugal e a NATO – O Reencontro da Tradição Atlântica*, Lisboa, Edições Cosmos, 1996; RODRIGUES, Luís Nuno, *No Coração do Atlântico: Os Estados Unidos e os Açores (1939-1948)*, Prefácio, Lisboa, 2005; ROLLO, Fernanda, *Portugal e o Plano Marshall. Da Rejeição à Solicitação da Ajuda Norte-Americana (1947-1952)*, Editorial Estampa, 1994; MOREIRA DE SÁ, Tiago, GOMES, Bernardino, *Carlucci vs. Kissinger – Os Estados Unidos e a Revolução Portuguesa*, Lisboa, Dom Quixote, 2008.

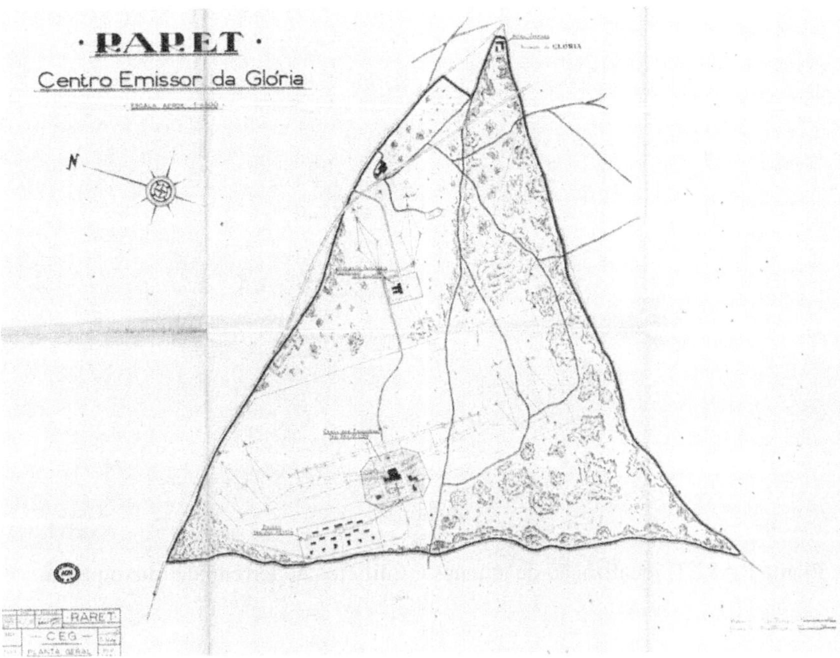

Planta geral do Centro Emissor da Glória.

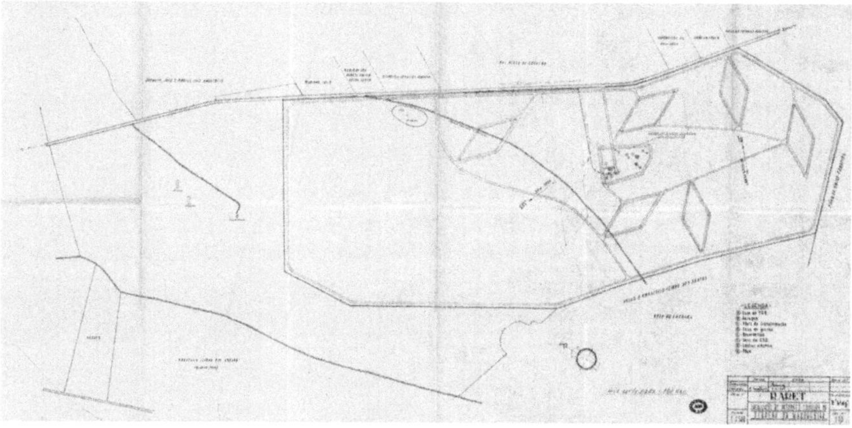

Planta RARET, localização de antenas e Edifícios do terreno da Maxoqueira.

1

ENQUADRAMENTO

O presente capítulo pretende apresentar de forma sucinta, porém esclarecedora, os principais conceitos teóricos – propaganda e diplomacia pública –, sobre os quais assentou a actuação dos EUA a nível comunicacional e informativo nos primórdios da Guerra Fria.

Propaganda

A necessidade de convencer os outros tem acompanhado desde sempre a Humanidade. A prática de acções de propaganda tem eco na História, seja por parte de líderes políticos, militares ou religiosos, na tentativa de influenciar e mobilizar os seus apoiantes e neutralizar os opositores.

Nos séculos XVI e XVII a conflitualidade religiosa entre católicos e protestantes dividiu profundamente o continente europeu. No rescaldo desse conflito e de acordo com as conclusões do Concílio de Trento (1545-1563) foi criado o *Sacra Congretatio de Propaganda Fide*[10] (1622). O objectivo era reganhar as «almas e as consciências»

---

[10] GUILDAY, Rev. Peter, «The Sacred Congregation Propaganda Fide», *The Catholic Historical Review*, n.º 4, vol. 6, Janeiro de 1921, pp. 478-494, disponível em http://www.jstor.org/stable/25011717, consultado em 18.03.2019.

perdidas para a doutrina protestante e simultaneamente conquistar para a cristandade todos os omissos do conhecimento de Cristo.

Nos séculos XVIII e XIX o movimento iluminista, as Revoluções Americana e Francesa e as Revoluções Liberais, encontraram na imprensa um meio de divulgação e difusão das novas ideias políticas, filosóficas, económicas e sociais. A este propósito destacaram-se Diderot e D'Alembert, autores da *Encyclopédie* (1750-1772), Jean-Jacques Rousseau e a obra *Do Contrato Social – Princípios do Direito Político* (1762), Benjamim Constante e os *Princípios da Política Aplicáveis a Todos os Governos* (1815) ou David Ricardo e os *Princípios da Política e Tributação* (1817), entre muitos outros.

Os conflitos bélicos do século XX inauguraram um novo tipo de guerra – a guerra total –, que alargou o espectro do campo de batalha a toda a população – militares e civis –, directa ou indirectamente envolvidos na acção beligerante. Ao mesmo tempo, os avanços científicos e tecnológicos produzem novos meios de comunicação – a rádio, o cinema e a televisão –, permitindo a divulgação e difusão de mensagens propagandísticas, tanto na frente externa como na interna. Internamente, visam a mobilização dos soldados na persecução da luta na frente de batalha, ao mesmo tempo que tentam congregar os esforços das populações na retaguarda. Externamente, para fomentar a descrença do inimigo, seja este militar ou civil, buscando a sua derrota e desmoralização. A importância da opinião pública, aliada ou inimiga, ganhou relevância, sendo alvo de campanhas de propaganda por parte dos beligerantes. A Comissão Creel, encarregue da propaganda governamental nos EUA durante a Primeira Guerra Mundial (1914-1918), utilizou técnicas de promoção de produtos e de vendas como forma de persuadir a população americana sobre a necessidade de declarar guerra à Alemanha. Tinha como objectivo persuadir ou reforçar atitudes e opiniões previamente existentes na sociedade, de modo a promover as acções governativas, ganhando desta forma suporte e apoio popular para a participação dos EUA na guerra.

No entanto, a propaganda não busca a explicação de ideias ou conceitos, mas antes inculcá-los de forma mais permanente no seio das sociedades onde opera, sendo assim uma forma de manipulação. Por isso é comum atribuir-se à propaganda uma conotação negativa, dado o seu carácter dissimulado e traiçoeiro.

Ainda assim, a narrativa propagandística tem em conta a verdade. Muitos especialistas advogam que a propaganda mais eficaz será aquela que utiliza várias camadas de verdade, ou seja, meias-verdades, afirmações descontextualizas ou altamente subjetivas. Na década de 1920, o cientista político Harold Lasswell profetizou que «a propaganda se tornaria uma profissão» e nesse sentido seria de esperar que «os governos recorram cada vez mais aos propagandistas profissionais para aconselhamento e ajuda».[11]

Porém, o domínio das técnicas e processos capazes de realizar tais objectivos só seriam possíveis de atingir graças aos contributos das «análises científicas da psicologia e da sociologia», no contexto do «movimento científico actual».[12]

O carácter científico da propaganda apresenta quatro pontos identificativos: em primeiro lugar os contributos da psicologia e da sociologia já mencionados; a existência de «regras rigorosas, precisas e comprovadas»; o conhecimento «do meio e do indivíduo» alvos da acção propagandística e, por fim, mas não menos importante, a «medição dos efeitos da propaganda» determinantes da sua eficácia.[13]

No entendimento antigo, a propaganda destinava-se a conseguir a adesão do homem a um conjunto de ideias, predominando uma concepção moral. A propaganda moderna visa obter do homem uma acção, levando-o a «empenhar-se irracionalmente num processo activo», desencadeando o acto que interessa à propaganda moderna, predominando uma visão comportamental.[14]

Há ainda que considerar os caracteres externos e internos da propaganda moderna.

Quanto aos primeiros, convém salientar a distinção entre o indivíduo e a massa, só interessando à propaganda o indivíduo, devidamente enquadrado numa massa e nunca como indivíduo isolado. Outro aspecto a ter em conta é que a «propaganda tem de ser total», utilizando o conjunto dos meios tecnológicos à sua disposição, desde o contacto

---

[11] LASSWELL, Harold, *Propaganda Technique in the World War*, pp. 34-35.

[12] ELLUL, Jacques, *Propaganda – Uma Análise Estrutural*, pp. 18-19.

[13] *Ibidem*, pp. 20-21.

[14] *Ibidem*, p. 41.

pessoal aos grandes meios de comunicação (imprensa, rádio e televisão) e Internet. Deve atingir o «homem todo e todos os homens» por via dos sentimentos e das ideias, consciente ou inconscientemente, tanto na «vida privada como pública».[15] A duração da acção propagandística terá carácter «contínuo e duradouro», envolvendo o homem num universo particular, tirando-lhe capacidade de meditação ou reflexão, de forma a retirar-lhe capacidade de se situar em relação à propaganda, pelo que a repetição da mensagem assume importância crucial até esta ser interiorizada.

A propaganda eficaz será aquela que apresenta as características anteriores, mas acima de tudo «supõe sempre um factor institucional [...] está ligada a certos factos [...] exprime-se num aparelho, num "Apparat" no sentido alemão do termo», ou seja, exige uma organização de propaganda, podendo esta ser o partido ou o sistema de enquadramento estabelecido.[16] Por último, a propaganda moderna, visa a adesão do homem a uma «ortopraxia, uma acção em si mesma, e não em função de juízos de valor da pessoa que age», por contraposição à visão clássica e ultrapassada de adesão a uma *ortodoxia.*[17]

Foquemo-nos agora nos caracteres segundos da propaganda, os internos. O conhecimento do terreno psicológico pressupõe que o propagandista deverá conhecer «os sentimentos e as opiniões» do público-alvo, calculando «a acção em função do indivíduo».[18] Por outro lado, a propaganda moderna deverá «articular-se com o que preexiste no indivíduo», traduzindo as «correntes fundamentais da sociedade que procura influenciar» e não entrar em colisão com os «pressupostos coletivos de ordem sociológica e os mitos sociais»[19] dessa mesma sociedade, mas procurando assumi-los. Em terceiro lugar, a questão da actualidade é essencial na propaganda, uma vez que «o público só é sensível ao acontecimento contemporâneo», o que fica a dever-se a «um campo de consciência limitado», onde não é possível «uma

---

[15] *Ibidem*, pp. 23-24.

[16] *Ibidem*, p. 36.

[17] *Ibidem*, p. 43.

[18] *Ibidem*, p. 50.

[19] *Ibidem*, p. 55.

pluralidade de actualidades», muito por conta da reduzida capacidade da memória humana.[20]

Mas a quem se dirige verdadeiramente a propaganda? O público-alvo da propaganda são os indecisos, precisamente por fazerem parte do grupo social e nele participarem, sem, contudo, serem capazes de «tomar uma decisão», cabendo à propaganda o papel de conduzi-los a um ponto em que a potencialidade das suas «opiniões» se torne efectiva.[21]

Por último, a relação da propaganda com a verdade. Contrariamente ao senso comum «em propaganda a verdade compensa», a aparente contradição explica-se tendo em atenção dois conceitos: factos e intenções, ou seja, «entre o elemento material e o elemento moral».

Os factos tendem a buscar exactidão nas afirmações, havendo pouco interesse em «lançar campanhas de propaganda a partir de factos inacreditáveis»[22], contudo existem formas de trabalhar e apresentar os factos de acordo com os objectivos do propagandista. A gestão do silêncio é outra arma utilizada em propaganda, sempre que a intenção seja suprimir a existência de um facto a um determinado grupo social.

As intenções são o nível onde se «situa a mentira», por ser nesta dimensão que esta «não pode ser detectada». A mentira apresenta dois elementos: «o propagandista deve atestar a pureza das suas intenções e acusar no mesmo acto o adversário»; no segundo elemento: «o propagandista não pode revelar nunca as verdadeiras intenções daquele a quem a sua acção serve». Jacques Ellul conclui afirmando que «a propaganda deve servir de véu que dissimula... as verdadeiras intenções».[23]

Após conhecermos os carateres externos e internos da propaganda, será possível aproximarmo-nos de uma definição de propaganda, sendo esta «o conjunto dos métodos utilizados por um grupo organizado em vista de fazer participar, activa ou passivamente na sua acção, uma massa de indivíduos psicologicamente unificados por manipulações psicológicas e enquadrados numa organização.»[24]

---

[20] *Ibidem*, p. 60.
[21] *Ibidem*, p. 65.
[22] *Ibidem*, p. 70.
[23] *Ibidem*, p. 73.
[24] *Ibidem*, p. 77.

A guerra psicológica e as campanhas de propaganda promovidas pelos EUA, no início da Guerra Fria, foram alvo de debates ao mais alto nível pelas estruturas da administração dos EUA, através do National Security Council (NSC) e enquadradas e promovidas por organizações e agências governamentais, como a United States Information Agency (USIA) ou a CIA, constituindo-se como um ramo da política externa norte-americana. Paralelamente, a importância da opinião pública internacional tornou-se um factor a ter em conta na condução da diplomacia, fazendo com que considerações de guerra psicológica integrassem o processo político. A documentação do NSC confirma a preocupação dos EUA relativamente às campanhas de propaganda coordenadas pela URSS, dirigidas a elementos não-comunistas em países estrangeiros, especialmente na Europa. Os relatórios do State-Army-Navy-Air Force Coordinating (SANACC) 304/11 de 7 Novembro de 1947[25] e no NSC/4 de 17 Dezembro de 1947[26] constituem-se como os documentos inaugurais da nova política de guerra psicológica e da estratégia psicológica dos EUA no pós-guerra.

Diplomacia Pública

O estudo da diplomacia pública ao nível da academia é um campo novo e em expansão. Eis duas definições possíveis de diplomacia pública: a do Center on Public Diplomacy da USC e a do Governo de Portugal.

A definição teórica de diplomacia pública fornecida pelo Center on Public Diplomacy da USC apresenta-a como: «[...] a dimensão pública e interactiva da diplomacia, que não é apenas global por

[25] National Archives and Records Administration, RG 353, Records of the Interdepartmental and Intradepartmental Committees – State Department, Records of the State – War – Navy Coordinating Committee, Box 55, File 304, 381, Psychological Warfare Pt. 2.

[26] National Archives and Records Administration, RG 59, Records of the Department of State, Records of the Executive Secretariat, NSC Files: Lot 63 D 351, NSC 4.

natureza, mas também envolve uma multiplicidade de actores e redes. É um mecanismo fundamental, através do qual as nações promovem a confiança mútua e as relações produtivas e que se tornou crucial para a construção de um ambiente global seguro.»[27] Nesta definição é possível encontrar pontos de contacto com a teoria de *Soft Power* apresentada por Joseph S. Nye, na obra de 1991 *Bound To Lead: Changing Nature Of American Power*, segundo a qual a capacidade de gerar influência e atracção podem contribuir para moldar as preferências da opinião pública internacional relativamente a um Estado soberano em detrimento de outros estados.[28]

Acrescentamos à definição acima o conceito em vigor e utilizado pela diplomacia portuguesa. Para tal socorremo-nos do Portal Diplomático do Governo de Portugal: «Diplomacia pública é a actividade diplomática praticada junto de actores não estatais. Consiste em informar, comunicar e interagir com a sociedade civil: a comunicação social, os académicos, os empresários, o público em geral. Através da diplomacia pública os diplomatas procuram transmitir uma imagem correcta do país [...] junto dos públicos estrangeiros, em coordenação com as agências e institutos relevantes como a AICEP, o Instituo Camões ou o Turismo de Portugal.»[29] De acordo com esta definição, a diplomacia pública é parte integrante da política externa portuguesa, tendo como agentes os diplomatas portugueses e outros funcionários de agências públicas portuguesas, vocacionadas para a promoção da imagem de Portugal no exterior.

Historicamente, o termo *diplomacia pública* foi proposto em 1965 e é comummente atribuído ao professor Edmund Gullion, da Fletcher School of Diplomacy da Tufts University, em Boston. No entanto, a ideia de diplomacia pública, por oposição à diplomacia secreta, conduzida nas chancelarias, remonta aos finais do século XIX, de acordo com Nicholas J. Cull. Sendo possível encontrar em artigos de jornal, debates e discursos de responsáveis políticos abordagens várias,

---

[27] Disponível em www.uscpublicdiplomacy.org, consultado em 24.04.2019.

[28] NYE JR., Joseph S., *Bound to Lead: Changing Nature Of American Power*.

[29] Disponível em www.portaldiplomatico.mne.gov.pt, consultado em 28.04.2019.

assumindo significações diferentes, consoante a época e o contexto em que foram produzidas.[30]

As primeiras formulações acerca da ideia de diplomacia pública podem ser encontradas em artigos de jornal. Remonta a 1856 e ao *The London Times* a utilização conhecida mais antiga do termo. Em 1871, o *The New York Times* publica um editorial questionando a posição crítica assumida pelo congressista Samuel S. Cox acerca das intenções dos EUA sobre a anexação da República Dominicana, referindo que acreditava numa «diplomacia pública aberta». No final da Primeira Guerra Mundial, numa alocução ao Congresso, em Fevereiro de 1918, o presidente Woodrow Wilson aborda a posição alemã e a resposta do chanceler sobre as propostas contidas nos «Catorze Pontos», afirmando: «Ele aceita o princípio da diplomacia pública». [31] Estes constituem-se como exemplos da utilização do termo anteriores à nova significação conferida por Edmund Gullion durante a Guerra Fria.

Em 1943, o presidente Franklin Roosevelt debatia-se com o problema da transição da propaganda do tempo de guerra para a produção de conteúdos informativos, difundidos pela Voz da América sobre os EUA. A propagação e promoção dos ideais de liberdade e democracia, a nível mundial, eram preocupações da administração americana para o pós-guerra. Neste sentido, e já sob a presidência Truman, procurou-se legislar tendo em vista a criação de estruturas, cuja função seria a de difundir «uma imagem completa e justa da vida americana e dos objectivos e políticas do governo dos EUA.»[32] Porém, estes objectivos aparentemente simples e claros foram alvo de acesos debates entre políticos e jornalistas nos EUA. A legislação produzida pelo Congresso tentou reflectir e congregar as várias visões sobre o papel do governo dos EUA enquanto órgão de informação. Finalmente, em 1948, após aceso debate, o Congresso dos EUA promulgou o U.S Information and Educational Exchange Act, também conhecido por Smith-Mundt Act.

---

[30] CULL, Nicholas J., «Public Diplomacy before Gullion: The evolution of a Phrase», *in SNOW*, Nancy, TAYLOR, Philip M. (ed), *Routledge Handbook of Public Diplomacy*, pp. 19-20.

[31] *Ibidem* p. 21.

[32] Executive Order 9608: disponível em www.trumanlibrary.org/executive orders, consultado 02.06.2019.

Contudo, os esforços do governo dos EUA no sentido de difundir a «sua verdade» assumiram outras formas durante a presidência Truman.

Num discurso perante a Sociedade Americana de Editores de Jornais, em Abril de 1950, o presidente Truman lançou a ideia da Campanha da Verdade, afirmando: «Devemos fazer-nos ouvir em todo o mundo, numa grande campanha de verdade».[33]

Em meados dos anos 1960, as autoridades dos EUA responsáveis pela USIA terão sentido a necessidade de diferenciar as suas práticas, no que a propaganda se referia, daquelas promovidas pela URSS. Tal situação terá contribuído para a nova conceptualização e modernização do termo diplomacia pública concretizada por Gullion. De acordo com a formulação de Gullion, os EUA conduziriam uma «diplomacia pública» ao invés do termo anódio «informação», ou da prática da propaganda, cuja conotação negativa pretendiam associar à URSS. Ao mesmo tempo, a nova designação tinha uma dupla aplicação, permitindo encaixar conceptualmente e na prática a acção da USIA, cobrindo os vários aspectos da sua actividade, desde o intercâmbio cultural, passando pelas acções do Departamento de Estado, incluindo também a acção da Radio Free Europe e da Radio Liberty.[34]

O novo conceito de diplomacia pública poderia assim estender-se às acções dos agentes e funcionários da USIA, consagrando-os como elementos legítimos da política externa norte-americana, em paralelo com os diplomatas tradicionais.

Kenneth Osgood analisa os primeiros anos da actividade da USIA durante a administração Eisenhower lançando um olhar profundo sobre o trabalho desta agência governamental, seja no plano doméstico ou em países estrangeiros. Apesar de a documentação produzida pelas várias agências norte-americanas mencionar o termo propaganda e estratégias psicológicas, publicamente as referências às suas actividades adquirem nova designação, surgindo assim a utilização do termo *informação,*

---

[33] Public Papers Harry S. Truman 1945-1953. Disponível em www.trumanlibrary.org/publicpapers, consultado em 02.06.2019.

[34] Cull, Nicholas J., «Public Diplomacy before Gullion: The evolution of a Phrase», *in* Snow, Nancy, Taylor, Philip M. (Ed.), *Routledge Handbook of Public Diplomacy*, p. 22.

de modo a reflectir a convicção de que estavam a ser produzidos conteúdos informativos e explicativos dos factos, contribuindo para o esclarecimento da opinião pública.[35]

O reconhecimento da diplomacia pública como instrumento da política externa dos EUA ficaria definitivamente estabelecido em 1983, sob a presidência Reagan, através da publicação NSCDD/77.[36]

---

[35] OSGOOD, Kenneth Allan, *Total Cold War: Eisenhower's Secret Propaganda Battle at Home and Abroad*, pp. 8-9.

[36] Disponível em https://www.reaganlibrary.gov/national-security-decisions-directives, consultado em 04.06.2019.

2
CONTEXTUALIZAÇÃO HISTÓRICA

Para uma melhor compreensão da participação portuguesa na iniciativa promovida pelo National Committee for a Free Europe torna-se necessário uma contextualização histórica, dividida em três subcapítulos. Apresenta-se de seguida os motivos da quebra da aliança construída em tempo de guerra – entre EUA e URSS – e que deram origem à Guerra Fria; efectua-se uma breve caracterização do Estado Novo, desde a sua fundação, passando pelo período da Segunda Guerra Mundial, até ao pós-guerra e ao dilema de sobrevivência e acomodação vividos pelo regime no novo sistema internacional, o que explica a transição da tradicional aliança com a Inglaterra para a nova aliança com os EUA; por fim, apresenta-se uma caracterização dos vectores tradicionais da política externa portuguesa durante a primeira metade do século XX.

Serão estes os três aspectos abordados nos próximos subcapítulos, fornecendo os elementos necessários que permitem compreender a disponibilidade e o empenho das autoridades portuguesas em aceitar o convite dos EUA para se associarem ao National Committee for a Free Europe no início da década de 1950.

Guerra Fria

As palavras têm um peso próprio em função das ideias e conceitos que pretendem transmitir e o termo Guerra Fria não foge a essas circunstâncias. A expressão foi cunhada no imediato pós-Segunda Guerra Mundial e pretendia reflectir o clima de relacionamento existente entre as potências vitoriosas, ou seja, entre os EUA e a URSS, o qual se prolongou na segunda metade do século XX, fazendo sentir os seus efeitos a nível político e económico, mas também social e cultural.

O termo foi inicialmente cunhado por George Orwell em 19 de Outubro de 1945, num artigo intitulado «You and the Atomic Bomb» publicado no jornal *Tribune*, dois meses após o lançamento das bombas atómicas, sobre Hiroxima e Nagasaki. Nesse artigo Orwell reflectiu sobre uma visão de um mundo que vivia à sombra da ameaça da guerra atómica, alertando para uma «paz que não era paz», que rotulou de «Guerra Fria permanente», referindo-se ao confronto ideológico latente entre a URSS e o ocidente.[37] Bernard Baruch, conselheiro económico dos presidentes Woodrow Wilson e Franklin D. Roosevelt, e representante dos EUA no Comité de Energia Atómica das Nações Unidas, utilizou também a expressão em várias ocasiões, conferindo-lhe um cunho mais definitivo no sentido daquilo que viriam a ser as relações EUA-URSS na segunda metade do século XX.[38] Por último, o contributo de Walter Lippmann e da obra *The Cold War: A Study in U.S. Foreign Policy*, de 1947, onde o autor difunde a expressão Guerra Fria no vocabulário internacional, vulgarizando a sua utilização no imaginário coletivo.

Cronologicamente, é possível situar o início da Guerra Fria após o fim da Segunda Guerra Mundial e o término em Dezembro de 1991, por altura do desmembramento da URSS, embora o desgaste do modelo político e económico soviético possa ser encontrado ainda em meados dos anos 1980, após a subida ao poder de Mikhail Gorbatchev, muito por conta da «herança de uma situação de declínio da performance

[37] Disponível em http://www.orwell.ru/library/articles/ABomb/english/e_abomb, consultado em 02.06.2019.

[38] SAFIRE, William, *Safire's Political Dictionary*, pp. 127-129.

económica, pelo crescente fosso existente entre a tecnologia soviética e a do Ocidente, pela crescente desmoralização da população e pela política externa contra produtiva».[39]

Convém referir que, para além das clivagens de ordem política, económica ou tecnológica, presentes no tempo da aliança de guerra contra o nazi-fascismo, uma vez derrotados a Alemanha e o Japão, novas e desafiadoras ameaças surgiram, desta vez de matriz ideológica, cultural, geopolítica e geoestratégica. Alguns autores recuam a meados do século XIX para encontrar a divergência ideológica entre oriente e ocidente. Deste modo, a submissão da China aos poderes ocidentais e a abertura do Japão, por via da expansão dos EUA no Pacífico, podem ser razões longínquas da hegemonia ocidental à escala planetária.[40]

Porém, será a partir da Revolução Bolchevique de 1917 que a confrontação de modelos políticos, sociais, económicos e culturais se tornará mais clara. A oposição do modelo comunista, influenciado pelas teorias e propostas de Karl Marx e Friedrich Engels, face ao modelo liberal, baseado nas teorias e propostas formuladas por John Locke, marcou a organização da sociedade ocidental durante o século XX, a par dos fascismos. O primeiro modelo aponta no sentido da submissão do capitalismo perante a revolução do proletariado, da qual emergiria um Estado autoritário, sem liberdades individuais, políticas, económicas e culturais. Ao invés, o segundo modelo consagraria a defesa da liberdade individual, baseada no primado da lei, do respeito pela propriedade individual e da livre iniciativa do indivíduo.

O modelo comunista, baseado numa economia de planificação central, permitiu à URSS industrializar-se e apresentar condições sociais de pleno emprego, numa altura em que as democracias ocidentais se debatiam com crises económicas e financeiras, e desemprego em massa. O modelo socialista expresso nas teses de Marx e Engels, que teve a sua aplicação prática na URSS, afigurava-se como aparente alternativa ao

---

[39] PAINTER, David S., *The Cold War: An International History*, p. 104.

[40] ROWSTOW, Walt W., «The Offensive of the International Communist Movement», *in* PATTERSON, Thomas G., MCMAHON, Robert J., *The Origins of the Cold War*, p. 14.

modelo capitalista, envolto em crises cíclicas das quais a de Outubro de 1929 seria a de maior expressão e consequências.[41]

Em termos geopolíticos, a derrota do nazi-fascismo provocou no continente europeu uma espécie de «vazio» claramente sentido na Alemanha, mas também nos países ocupados durante o conflito mundial. Em especial na Europa Central e de Leste, países que na sua maioria tinham pertencido ao Império Alemão, Império Austro-Húngaro ou ao Império Otomano até há poucas décadas e por isso dispunham apenas do período entre guerras como momento de afirmação nacional e governação soberana. Porém, as soberanias destes novos estados rapidamente se encontraram sob ameaça. O pacto Molotov-Ribbentrop de Agosto de 1939, sob a promessa mútua de não-agressão entre a Alemanha e a URSS, estabeleceu áreas de influência mútua, que iam desde os Estados Bálticos (Estónia, Lituânia e Letónia) a partes da Polónia, Finlândia e Roménia. A invasão da URSS por parte da Alemanha nazi, em Junho de 1941, ditou o fim do referido pacto.

Em Outubro de 1944, um acordo secreto entre Churchill e Estaline, tendo em vista o período do pós-guerra, concede aos soviéticos influência na Roménia, Bulgária e Hungria em troca da influência britânica na Grécia. Mais tarde, em 1945, na Conferência de Ialta, os Três Grandes (EUA, Grã-Bretanha e URSS) subscrevem o tratado de divisão do território alemão no pós-guerra. Após a derrota dos alemães em Estalinegrado, no início de 1943, as forças soviéticas iniciam uma ofensiva militar que terminará em Berlim, em Maio de 1945. Entretanto, os soviéticos vão tomando posições nos vários países que vão libertando do domínio e ocupação alemãs.[42] O espaço deixado vago pela derrota alemã será aproveitado e preenchido pela URSS e pela doutrina comunista nesses países. A presença do Exército Vermelho deu o respaldo necessário à afirmação das ideias comunistas nos países da Europa de Leste.

A paz na Europa só seria possível através do entendimento e da cooperação dos Três Grandes. A Liga das Nações já não servia perante os novos desafios do pós-guerra, mostrou-se incapaz de conter o

---

[41] Gaddis, John Lewis, *A Guerra Fria*, pp. 20-21.

[42] Painter, David S., *The Cold War: An International History*, pp. 17-18.

expansionismo alemão e de aplicar o conceito da doutrina de segurança coletiva. A reorganização do sistema internacional e a manutenção da paz na Europa do pós-guerra passaria pela criação de uma nova organização, onde prevalecesse o equilíbrio de forças, assente em princípios democráticos e de autodeterminação política, e aberta a todos os países amantes da paz. Em Janeiro de 1944, Churchill disse a Estaline que as três grandes potências eram «as guardiãs da paz mundial» e que, «se fossem fortes, cumpririam a sua tutela.»[43] Davam-se assim os primeiros passos para a criação das Nações Unidas, organização aberta a todos os estados, grandes ou pequenos, para manutenção da paz e da segurança internacionais. A adesão da URSS às Nações Unidas era uma segurança para a manutenção do regime soviético, bem como da ideologia comunista e a possibilidade de expansão nos países sob sua influência, e garantia a segurança nacional.[44]

Porém, contrariamente aos pressupostos iniciais, o pós-guerra foi um tempo de crescente desconfiança mútua entre os antigos aliados. A preponderância americana e ocidental na ONU alertou os soviéticos para a possibilidade de policiamento do mundo pelas potências ocidentais. A ajuda fornecida pelo Plano Marshall (1947-1952), para a recuperação da economia europeia, não se estendeu ao leste europeu, motivado pelas desconfianças soviéticas. A Checoslováquia, inicialmente interessada em participar, acabou por se retirar, devido às pressões de Moscovo. As relações económicas do leste europeu construíram-se em torno das directrizes soviéticas. Em 1949 foi fundado em Moscovo o COMECON, que visava promover a integração económica dos países sob influência soviética, afastando-os de um modelo de desenvolvimento assente na livre iniciativa e no mercado livre. O campo das clivagens entre os antigos aliados era cada vez mais profundo. A presença de forças aliadas na cidade de Berlim, que por sua vez se encontrava em território sob tutela soviética, era um espinho atravessado na garganta de Estaline. O bloqueio de Berlim entre Junho de 1948 e Maio de 1949 foi uma tentativa de sufocar as forças aliadas e

---

[43] MAZOWER, Mark., *Governar o Mundo – História de Uma Ideia: De 1915 aos Nossos Dias*, p. 233.

[44] GADDIS, John Lewis, *A Guerra Fria*, Lisboa, p. 22.

a população da cidade, com o objectivo de total controlo por parte dos soviéticos. As crises foram-se alimentando mutuamente, contribuindo para a uma divisão real da Europa.[45]

A presença militar no continente europeu era uma realidade que podia a qualquer momento escalar e dar origem a nova confrontação mundial. A realidade atómica conferiu aos EUA uma hegemonia mundial no domínio militar só alcançada pelos soviéticos em 1949. Novos meios e novas armas vão ter de ser usadas para combater durante a Guerra Fria. Após o anúncio da Doutrina Truman, em Março em 1947, cujo principal objectivo era conter o avanço da hegemonia comunista na Europa, nos países considerados os «elos fracos» do sistema capitalista, deu-se início a um conjunto de medidas designadas como «guerra política», onde a propaganda e o uso da radiodifusão tinham como missão fornecer às populações dos países da Cortina de Ferro uma outra visão do mundo capitalista e, ao mesmo tempo, desacreditar a propaganda soviética. Ambos os contendores utilizaram massivamente as ferramentas disponibilizadas pela propaganda para afirmarem os projectos de sociedade em que acreditavam. Elevaram o debate ideológico a um patamar maniqueísta, onde só podiam existir «bons» ou «maus», consoante a versão em que se quisesse acreditar.

Estado Novo

O regime do Estado Novo vigorou em Portugal durante quarenta e um anos. Mais precisamente desde a promulgação da Constituição Política da República Portuguesa, em Abril de 1933, até ao golpe militar do dia 25 de Abril de 1974, da responsabilidade do Movimento das Forças Armadas (MFA), naquela que ficou conhecida como a Revolução dos Cravos.

Ao longo de quatro décadas muitos foram os acontecimentos e os impactos sofridos pelo regime do Estado Novo, fosse por influência externa – como foi o caso da Guerra Civil de Espanha, da Segunda Guerra Mundial ou da Guerra Fria –, ou de cariz interno – como o

---

[45] *Ibidem*, p. 38.

caso da candidatura do general Humberto Delgado à presidência da república em 1958 ou o início dos conflitos em Angola, em 1961 –, todos eles ligados à natureza político-ideológica do próprio regime, cujos fundamentos se alicerçavam na doutrina social da Igreja, no anti-liberalismo e no corporativismo, moldando o viver das gentes portuguesas durante meio século.

Antecedentes: A Ditadura Militar (1926-1933)

O golpe militar de 28 de Maio de 1926 marcou o fim do regime republicano instituído a 5 de Outubro de 1910. O governo liberal republicano foi substituído por uma Ditadura Militar – antecâmara do Estado Novo –, atravessada por momentos diversos e contraditórios, até à consolidação do autoritarismo, no início dos anos 1930, já sob direcção de Salazar.[46]

Apesar de ter durado apenas sete anos, o período dos governos militares foi palco de lutas acesas na busca de hegemonia, entre «militares republicanos e seus apoiantes civis, às direitas liberais salazaristas e fascizante», dispondo de apoios militares de ambos os quadrantes.[47] A Igreja Católica foi alvo da perseguição republicana, especialmente nos primeiros anos do regime republicano; a instabilidade social e o elevado nível de confronto da sociedade portuguesa eram características deste período. A promessa dos militares de reporem a ordem e a paz social terá sido um dos motivos do apoio da Igreja às novas autoridades militares.

Após a passagem fugaz do general Gomes da Costa pela Presidência da República, sucedeu-lhe o general Óscar Carmona, ficando na chefia do governo o general Vicente Freitas, figura ligada aos sectores liberais republicanos. A composição dos vários governos no período

---

[46] Costa Pinto, António (Coord.), «Portugal no século XX: Introdução», *in Portugal Contemporâneo*, p. 20.

[47] Rosas, Fernando, «Da Ditadura Militar ao Estado Novo: a "longa marcha" de Salazar», *in* Mattoso, José (Dir.), *História de Portugal, Sétimo Volume, O Estado Novo (1926-1974)*, p. 165.

da Ditadura Militar evidencia a necessidade de albergar as várias tendências políticas em confronto. Outros nomes ligados à direita conservadora, como o de Mário de Figueiredo e Cordeiro Pereira, ocuparam respectivamente as pastas da Justiça e da Instrução Pública. O malogro verificado na reorganização das finanças portuguesas – o ministro das Finanças era Sinel de Cordes – abriu a porta ao convite a Oliveira Salazar para a mesma pasta, em 1928. Houve uma preocupação de harmonização das várias tendências políticas. Porém, a demissão de Vicente de Freitas e a posterior nomeação para a chefia do governo do general Ivens Feraz desequilibrou os pratos da balança, conferindo uma crescente preponderância da direita conservadora e da extrema-direita.[48]

O novo governo manteve no essencial a linha política do anterior, sofrendo as mesmas pressões das alas mais à direita. O desgaste político acabou por abrir caminho à nomeação do general Domingos Oliveira como chefe do governo, um militar alinhado com a direita política. O êxito da política financeira de Oliveira Salazar, expresso no balanço positivo das contas públicas, granjeou ao ministro das Finanças o epíteto de «salvador da Nação»,[49] ao mesmo tempo que ganhou a confiança dos militares, o que lhe permitiu abordar nos seus discursos um cada vez maior rol de temas políticos e militares.[50] A crescente importância de Salazar no panorama político português fez congregar sobre si uma série de apoios, que iam da banca à indústria, passando pela igreja e por largos sectores do exército, do campo intelectual até aos monárquicos. A União Nacional, fundada em 30 de Julho de 1930, foi o partido único onde se albergaram todas as correntes políticas apoiantes de Salazar. O culminar deste crescendo de apoios deu-se em Julho de 1932, quando Salazar sucede ao general Domingos Oliveira na chefia do governo.

A partir desse momento os militares deram lugar aos civis na condução dos destinos nacionais. Inicia-se, então, o caminho no sentido da institucionalização de um Estado nacionalista, corporativo e conservador, autoritário e unitário, o qual passou a considerar-se *de jure*

---

[48] Marques, A. H. Oliveira, *História de Portugal*, vol. iii, p. 370.

[49] *Ibidem*, p. 371.

[50] *Ibidem*, p. 372.

a partir da entrada em vigor da nova da Constituição da República, a 11 de Abril de 1933.[51] A onda fascizante que atravessou a Europa no início dos anos 1930 tinha contagiado Portugal. A particularidade do caso português manifestou-se através da instauração de um regime fascista sem que houvesse um movimento fascista, ao contrário do que sucedera em Itália ou na Alemanha.[52]

O Estado Novo (1933-1961)

A nova Constituição substituía assim a anterior de 1911, abrindo caminho para um novo modelo de governação, assente em cinco princípios: recusa do demoliberalismo; a afirmação do nacional corporativismo; um Estado forte; intervencionismo económico e social; imperialismo colonial.[53] O controlo social foi reforçado em dois sentidos: preventivamente a cargo da Censura, instituída ainda no tempo da Ditadura Militar; repressivamente através da reorganização policial de Agosto de 1933, que criou a Polícia de Defesa e Segurança do Estado (PVDE), através da fusão das anteriores Polícia Internacional Portuguesa e a Polícia de Defesa Política e Social.[54] Paralelamente, foram criadas organizações de enquadramento como a Mocidade Portuguesa e a Legião Portuguesa, a primeira vocacionada para a juventude, com forte componente militar, ao passo que a segunda tinha características policiais e de milícia.[55]

A nível político verifica-se ainda o reforço dos poderes de Oliveira Salazar, uma vez que para além da pasta da Finanças (1928-1940),

---

[51] Costa Pinto, António (Coord.), «Portugal no século xx: Introdução», *in Portugal Contemporâneo*, p. 25.

[52] Lucena, Manuel, «Reflexões sobre a queda do regime salazarista e o que se lhe seguiu», *Análise Social*, n.º 162, p. 7.

[53] Rosas, Fernando, Brito, J. M. Brandão, «Constituição Política de 1933», *in Dicionário de História do Estado Novo,* vol. i, pp. 198-205.

[54] Diário da República Eletrónico, Decreto-Lei n.º 22.992, de 29 de Agosto de 1933, consultado em 06.07.2019.

[55] Costa Pinto, António (Coord.), «Portugal no século xx: Introdução», *in Portugal Contemporâneo*, p. 27.

ocupou também a da Guerra (1936-1944) e a dos Negócios Estrangeiros (1936-1947). Aos poucos, a imagem do homem providencial e de «salvador da Nação» que ocupa a chefia do governo vai dando lugar à imagem do ditador.[56]

No plano interno, a transição dos governos militares para o Estado Novo concluiu-se com sucesso após plebiscitada a nova Constituição de 1933. As facções políticas contestatárias foram cooptadas para a União Nacional, as revoltas militares e civis foram severamente combatidas e a contestação anarco-sindicalista ou comunista restante foi duramente perseguida. No quadro internacional, o regime português alinhava com a geografia dos fascismos em crescendo na Europa: Espanha, Itália e Alemanha.

A partir de 1939, com o eclodir da Segunda Guerra Mundial, o regime português declarou a neutralidade perante os beligerantes. No entanto, esta declaração assume cambiantes vários em função dos interesses nacionais, uma vez que a política externa portuguesa neste período caracterizou-se por um pragmatismo oscilante, em função da perceção daquilo que eram os interesses nacionais. Nos primeiros anos do conflito, Portugal vendeu matérias-primas à Alemanha, entre as quais volfrâmio; porém, a partir de 1943 e face à pressão crescente dos Aliados para disporem de bases militares nos Açores, cede primeiro a britânicos e mais tarde a norte-americanos as facilidades militares solicitadas.[57]

A derrota das potências do Eixo, primeiro na Europa (Maio de 1945) e mais tarde no Pacífico (Agosto de 1945), significou a vitória das democracias parlamentares. Isto representou para o Estado Novo uma ameaça e um desafio, na medida em que as oposições internas esperavam uma abertura do regime, ao passo que no plano externo os interlocutores de Portugal eram agora países democráticos e liberais.

A Assembleia Nacional foi dissolvida em Setembro de 1945 e marcadas eleições para Novembro. Durante a campanha eleitoral foi autorizada a participação de outras formações políticas, para além da

---

[56] Marques, A. H. Oliveira, *História de Portugal*, vol. iii, p. 380.

[57] Rodrigues, Luís Nuno, «George Kennan e as negociações luso-americanas sobre os Açores», *Relações Internacionais*, n.º 4.

União Nacional. A oposição, ou oposições, reuniam-se em torno do MUD – Movimento de Unidade Democrática, uma vez que neste organismo coabitavam republicanos, monárquicos, católicos e socialistas.[58] Em Novembro de 1945, o *Diário de Notícias* entrevista Salazar, que afirma: «[...] Considero as próximas eleições tão livres como na livre Inglaterra.»[59] A censura diminui a sua intervenção junto da imprensa, contribuindo para a sensação de «liberdade e abertura política», cuja repercussão se fazia sentir além-fronteiras. O curto espaço temporal disponível para preparar uma campanha eleitoral levou a oposição a solicitar o adiamento das eleições, o que foi recusado pelo governo. As listas da oposição foram retiradas e apenas concorrem as listas da União Nacional. Rapidamente as ilusões da oposição depararam-se com a realidade da permanência de Oliveira Salazar como chefe do governo. Os lugares de deputados à Assembleia Nacional foram preenchidos pelos candidatos da União Nacional, à semelhança de eleições anteriores.[60]

O próprio sistema repressivo sofreu alterações: em 1945 extinguiu-se a PVDE e criou-se a PIDE (Polícia Internacional e de Defesa do Estado), através do Decreto-Lei n.º 35046 de 22 de Outubro de 1945. A aparente modificação pressupunha uma actuação diferente do próprio regime, relativamente aos elementos da oposição. Porém, esta como outras alterações foram apenas cosméticas, visando criar uma aparência de abertura e moderação do regime perante os públicos nacionais e estrangeiros.

No plano internacional, a tensão crescente entre os Três Grandes, de um lado EUA e Inglaterra e do outro a URSS, intensificou-se dando origem à Guerra Fria. A ameaça comunista sobre a Europa Ocidental e o medo de uma invasão soviética reforçaram, internamente, o combate à oposição, especialmente aos comunistas. Ultrapassada a primeira crise do pós-guerra e reforçada a posição governamental, Salazar iniciou um

---

58 Reis, Luís Torgal, Lemos, Mário Matos e, *Candidatos da Oposição à Assembleia Nacional do Estado Novo (1945-1973). Um Dicionário*, p. 21.

59 Disponível em http://www.fmsoares.pt. Entrevista de Oliveira Salazar ao *Diário de Notícias* em 14 de Novembro de 1945, consultado em 06.07.2019.

60 Marques, A. H. Oliveira, *História de Portugal*, vol. III, p. 388.

processo de aproximação gradual aos EUA. O governo português encetou um processo de investimentos e de modernização infraestrutural, decorrente dos acordos assinados em 1948 com a OECE, transversal a toda a sociedade portuguesa, inicialmente apoiado nos fundos do Plano Marshall e nos subsídios norte-americanos e sendo posteriormente consagrada como política oficial, através dos Planos de Fomento. O paradigma socioeconómico nacional, baseado no modelo de autarcia proposto por Salazar, alterar-se-ia em função dos investimentos realizados. Aos poucos, a indústria ganhou terreno sobre a agricultura, a população das principais cidades aumentou, assim como o seu rendimento disponível. No início dos anos 1960 Portugal aderiu à EFTA. A economia portuguesa integrou-se cada vez mais na Europa e no mundo.

Politicamente, o regime do Estado Novo ganhou a simpatia internacional, fruto das tensões verificadas durante a Guerra Fria. Em 1949, após convite dos EUA, tornou-se membro fundador da NATO, causando algum espanto entre outros membros fundadores da aliança, dado o seu passado de relativo alinhamento com as potências do Eixo. Adivinhando dificuldades futuras, Salazar promoveu a alteração constitucional que modificaria a natureza do Acto Colonial de 1930. Os territórios ultramarinos deixam de ser considerados como colónias e passaram a províncias ultramarinas, extensões de Portugal Continental separadas pelo mar.

O desaire da candidatura de Portugal a membro das Nações Unidas e os ataques de certa imprensa inglesa e norte-americana contra o regime do Estado Novo, em virtude das suas ligações às potências do Eixo na fase anterior à guerra, já não eram possíveis de ser combatidos pela máquina comunicacional de António Ferro, director do Secretariado de Propaganda Nacional (SPN). Deste modo, o governo português viu-se na contingência de contratar os serviços de uma agência de relações públicas, a George Peabody and Associates de Nova Iorque, para tratar da imagem de Portugal e sua correspondente divulgação junto do público estrangeiro, em particular do norte-americano.[61]

---

[61] RIBEIRO, Vasco, *A Empresa de Relações Públicas Norte-Americana Contratada por Salazar (1951-1962) – A Estreia da Ditadura no Modelo Assimétrico Bidirecional no Período pós-António Ferro.*

Pese embora a década de 1950 possa ser considerada como os «anos dourados» do salazarismo, há dois momentos que marcaram profundas alterações no regime e que, a prazo, condicionariam a sua actuação.

A adesão às Nações Unidas, em 1955, marcou o início das pressões internacionais sobre Portugal e os territórios ultramarinos sob sua administração. Por outro lado, o acto eleitoral de 1958 e a aparição da candidatura presidencial do general Humberto Delgado, representando a oposição não-comunista, constitui-se como a primeira ameaça séria ao poder de Oliveira Salazar. Apesar da vitória «anunciada» do candidato do regime, almirante Américo Tomás, a oposição recolheu um quarto dos votos. As repercussões das eleições de 1958 ou as «ondas de choque do terramoto delgadista», como lhe chamou Fernando Rosas e das quais o regime não recuperou, vão fazer sentir-se até 1962.[62]

As manifestações contra o Estado Novo, sejam no plano nacional ou internacional, conheceram várias expressões. Logo em 1959, um conjunto de opositores, civis e militares, conspiram no rescaldo das eleições presidências de 1958 e tentam um golpe para derrubar o regime: o «Golpe da Sé». Malograda esta tentativa, outras se seguem, como a do ministro da Defesa, general Botelho Moniz, em Abril de 1961, e outra no ano seguinte, o ataque ao Quartel de Beja, ambas sem sucesso. Ainda no ano de 1961, iniciam-se os combates em Angola, que mais tarde se estendem às restantes províncias: Guiné (1963) e Moçambique (1964). O ano de 1961 termina da pior forma possível para o regime do Estado Novo e para Salazar, uma vez que ocorreu a primeira perda territorial efectiva, para um regime que se considerava pluricontinental – o Estado Português da Índia foi invadido por forças da União Indiana em Dezembro desse ano. A historiografia haveria de registar 1961 como o *annus horribilis* de Salazar.

---

[62] Rosas, Fernando, Brito, J. M. Brandão, «Estado Novo», *in Dicionário de História do Estado Novo*, vol. I, pp. 315-319.

A Política Externa Portuguesa e as Relações com os EUA

A política externa portuguesa

O presente subcapítulo traça as principais características e vectores da política externa portuguesa desde meados do século XIX até ao ano de 1974. Para tal, focamo-nos nos principais autores, cujas obras abordaram o estudo da política externa portuguesa ao longo das várias conjunturas políticas (Monarquia Constitucional, Primeira República e Estado Novo). De seguida debruçamo-nos de modo mais específico sobre as relações entre Portugal e os EUA, tendo como respaldo outro conjunto de autores, cujas obras reflectem as várias dimensões (política, militar, económica e cultural), a fim de compreender a transição e a aproximação entre as duas nações. Esta abordagem permite-nos fornecer os elementos de entendimento possíveis do que viria a ser a aliança luso-americana no pós-Segunda Guerra Mundial.

Na síntese de Nuno Severiano Teixeira, segundo a qual a formação política existente no extremo ocidental da Península Ibérica pode ser entendida como um «País europeu, Portugal é também um país atlântico»,[63] identificamos a dualidade que atravessou a política externa portuguesa ao longo dos séculos.

Se por um lado a fronteira terrestre exercia a força centrípeta, a cuja massa continental era difícil escapar, por outro a fronteira atlântica permitia alcançar novos horizontes inexplorados. O difícil e necessário equilíbrio, cujo fim último era a sobrevivência de Portugal como entidade política independente, teve assim de ser exercido assentando em quatro pilares, cujas realidades históricas reforçaram ou enfraqueceram: «a aliança com a Grã-Bretanha, a relação com os Estado Unidos, a vocação colonial e a dualidade peninsular».[64]

---

[63] TEIXEIRA, Nuno Severiano, «Entre África e a Europa: a política externa portuguesa 1890-1986», *in* COSTA PINTO, António (Coord.), *Portugal Contemporâneo*, p. 61.

[64] MARCOS, Daniel, «A política externa portuguesa do Ultimato à transição para a Democracia: uma perspetiva bibliografia», in *Relações Internacionais*, n.º 28, pp. 139-155.

Tendo como principal aliado externo a Inglaterra, mediante a aliança firmada entre Fernando I de Portugal e Eduardo III de Inglaterra no século XIV, a Aliança Luso-Britânica dominou a política externa portuguesa até finais do século XIX. Salientamos de seguida dois momentos de tensão que marcaram as relações luso-britânicas durante século XIX: O primeiro verificou-se após a expulsão das forças napoleónicas de Portugal, tendo os ingleses aproveitado a ausência da corte portuguesa no Brasil para exercerem a tutela do país, política e militarmente; o segundo momento ocorreu no decurso da Conferência de Berlim de 1885, para o estabelecimento de fronteiras em África, tendo Portugal apresentado o que considerava como os seus «direitos históricos», face aos «direitos de ocupação efectiva» defendidos pelas restantes potências europeias, gerando um conflito de interesses entre os dois estados, Portugal e Inglaterra, cujo episódio final é o Ultimato inglês de 1890. Este repercutiu-se a nível externo, levando Portugal a estreitar relações com a França e a Alemanha, e internamente assistiu-se ao crescente criticismo republicano do papel do rei na gestão da crise decorrente do Ultimato.

A nova formulação do Direito Internacional aplicada aos espaços coloniais obrigou Portugal a ocupar efectivamente os territórios da Guiné, Angola e Moçambique, num movimento que marcou o despontar da «vocação colonial» africana, ainda de acordo Severiano Teixeira. A expressão prática dessa «vocação» reflectiu-se numa série de campanhas militares, que mediaram entre a Conferência de Berlim e o fim da Primeira Guerra Mundial, e tinham como objectivo submeter à autoridade portuguesa os povos dos territórios sob sua administração no continente africano.

As duas décadas finais da Monarquia Constitucional ficaram marcadas por um assinalável esforço diplomático do rei D. Carlos, traduzido nas viagens do monarca às principais cortes europeias, assim como à reciprocidade dos monarcas europeus em visitar Portugal. Inserem-se neste ciclo de viagens diplomáticas europeias deslocações a Espanha, França e Inglaterra; posteriormente vieram a Lisboa Eduardo VII de Inglaterra, Guilherme II da Alemanha e Afonso XIII de Espanha, e o presidente da República Francesa Émile Loubet. Este ciclo diplomático seria interrompido pela proclamação da República em 1910.

Os estados europeus no início do século XX eram dominados por um conjunto de monarquias, as únicas repúblicas eram a França e a Confederação Helvética. O modo violento como decorreu a transição portuguesa chocou as cortes europeias; as repercussões a nível diplomático foram imediatas, traduzidas na demora concedida ao reconhecimento da nova República Portuguesa. Esse reconhecimento ocorreu em três fases: inicialmente as novas autoridades portuguesas foram reconhecidas pelas repúblicas do Brasil e da Argentina; de seguida pelas repúblicas dos Estados Unidos da América e da França, e só depois do reconhecimento da monarquia inglesa as restantes monarquias europeias formalizaram o reconhecimento da República Portuguesa.[65]

O reconhecimento tardio das monarquias europeias trouxe consigo perigos iminentes à jovem república portuguesa. O primeiro destes foi a aproximação entre as cortes de Londres e Madrid, secundarizando a relação secular entre Londres e Lisboa, ao abrigo da Aliança Luso-Britânica, o que em termos geoestratégicos conferia primazia a Espanha no contexto peninsular. O segundo perigo consistiu no apoio espanhol aos restauracionistas monárquicos portugueses, a par das pulsões anexionistas imanentes em certos círculos da corte de Afonso XIII, materializado na ideia do «perigo espanhol». [66]

A necessidade de afirmação das novas autoridades republicanas e do próprio regime republicano português assentou por isso em dois níveis de análise: o interno e o externo, que se interligam e completam. A oportunidade para realizar tal afirmação materializou-se na Primeira Guerra Mundial. De acordo com Severiano Teixeira, a participação no conflito mundial contribuiu para congregar apoios internos em torno do governo, pondo fim ao período conturbado dos primeiros anos do novo regime republicano, ao mesmo tempo que fornecia um objectivo nacional.

---

[65] TEIXEIRA, Nuno Severiano, «Entre África e a Europa: a política externa portuguesa 1890-1986», *in* COSTA PINTO, António (Coord.), *Portugal Contemporâneo*, p. 71.

[66] MARCOS, Daniel, «A política externa portuguesa do Ultimato à transição para a Democracia: uma perspetiva bibliografia», in *Relações Internacionais*, n.º 28, p. 144.

A defesa e salvaguarda das colónias africanas face à cobiça alemã forneceu o necessário elemento externo. Assim, Severiano Teixeira resume: «Só uma ameaça externa e uma intervenção militar no plano central, com os grandes e entre os grandes, poderia justificar a unidade nacional em torno do regime e conquistar não só os objectivos externos mas ao mesmo tempo a consolidação e legitimidade democrática para a República.»[67] Pese embora o enfrentamento entre forças portuguesas e alemãs fosse uma realidade desde 1914, tanto em Angola como em Moçambique não existia uma declaração formal de guerra entre os dois estados. Essa realidade viria a alterar-se por força do pedido inglês ao governo português para aprisionar os navios alemães em portos portugueses, em Fevereiro de 1916, o que levou à declaração de guerra da Alemanha a Portugal a 9 de Março de 1916.

O fim do primeiro conflito da era industrial trouxe consigo um reordenamento do sistema internacional. Este foi realizado sob os auspícios das propostas apresentadas pelo presidente Woodrow Wilson, tendo em vista a criação da Sociedade das Nações, da qual Portugal seria membro. Os resultados esperados com a participação de Portugal na guerra ficaram no entanto à margem do desejado. Assim, a nível interno manteve-se o tumulto político e a confrontação entre as várias facções, dando origem a governos de curta duração, a par da degradação das condições económicas e financeiras do país. Radicam-se nesta realidade algumas das motivações para o golpe de 28 de Maio de 1926.

No plano da política externa, as negociações de paz em Versalhes não trouxeram o tão desejado protagonismo de Portugal no contexto internacional, cabendo esse papel a Espanha, mediante o convite para ocupar o Conselho Executivo da Sociedade das Nações. Por outro lado, as razões de ordem política justificativas da entrada na guerra foram substituídas durante os trabalhos em Versalhes pelas preocupações de ordem económica e financeira, procurando Portugal receber as respectivas indeminizações de guerra. Porém, um dos objectivos foi cumprido – a manutenção da administração portuguesa sobre os

---

[67] TEIXEIRA, Nuno Severiano, «Entre África e a Europa: a política externa portuguesa 1890-1986», *in* COSTA PINTO, António (Coord.), *Portugal Contemporâneo*, p. 75.

territórios coloniais, cabendo inclusive a restituição do território de Quionga, no norte de Moçambique, ocupado pela Alemanha desde 1894.

A permanente sucessão de governos, aliada à degradação das condições económicas já mencionadas, propiciaram a instabilidade social vivida em Portugal durante a década de 1920. Sob o pano de fundo da hegemonia eleitoral e política do Partido Democrático, bloqueadora de soluções alternativas de governação, que levaram a uma ruptura violenta – 28 de Maio de 1926 –, liderada pelos militares, deu-se o fim da I República. Quanto às orientações de política externa, a fase da Ditadura Militar e os primórdios do Estado Novo mantêm no essencial os rumos e os condicionalismos provenientes da I República, ou seja, o projecto colonial a par com a Aliança Inglesa, a dimensão de relacionamento multilateral proporcionado pela Sociedade das Nações a par com a crise financeira nacional.

As alterações neste domínio ocorreram após a consolidação do Estado Novo e na vigência da nova Constituição de 1933. Assim, e só em 1935, mediante nota oficiosa do presidente do Conselho, foi dado conta das novas orientações no respeitante à política externa portuguesa: manutenção da aliança com a Inglaterra; o não envolvimento nas questões continentais europeias; a defesa e manutenção do património colonial; a manutenção da amizade com Espanha no plano ibérico. Estes foram os quartos pilares onde assentou a política externa portuguesa até finais da Segunda Guerra Mundial,[68] momento a partir do qual Salazar procede a nova revisão da política externa portuguesa, em função dos desenvolvimentos internacionais que mediaram entre o final do conflito e o início da Guerra Fria.

A perspectiva geral traçada até aqui carece de um olhar mais particular sobre certos aspectos da política externa portuguesa durante o Estado Novo, tendo em conta os quatro pilares apresentados anteriormente.

De forma cronológica abordaremos cada um deles e começamos pela relação com Espanha durante a década de 1930.

---

[68] Oliveira, César, «Oliveira Salazar e a política externa portuguesa: 1932-1968», *in* Rosas, Fernando, Ó, Jorge Ramos do, Oliveira, César (Ed.), *Salazar e o Salazarismo*, pp. 74-75.

As alterações políticas ocorridas no plano ibérico, na sequência da instauração da II República Espanhola, em 1931, desequilibram as relações entre Portugal e Espanha, muito por conta do receio de Salazar, face à orientação política de sinal contrário do novo governo de Madrid e do apoio que este poderia fornecer aos opositores portugueses ao Estado Novo. Por outro lado, o aumento de conflitualidade verificado no plano interno espanhol e que desembocaria na Guerra Civil, em 1936, exigiu uma atenção redobrada da diplomacia e da política externa portuguesa. Na medida em que, se por um lado as simpatias do governo de Lisboa se encaminhavam no sentido de apoiar a causa franquista, por outro as exigências internacionais decorrentes do Comité de Não Intervenção na Guerra Civil de Espanha vinculavam as autoridades portuguesas a absterem-se de fornecer ajuda militar, económica, ou de outra natureza a qualquer uma das partes. Mais à frente abordaremos o papel da intervenção portuguesa durante o conflito, tendo em conta as campanhas radiofónicas desenvolvidas pelas rádios portuguesas, Emissora Nacional e Rádio Club Português.

A vitória das forças nacionalistas do general Francisco Franco em 1939 afastou o perigo revolucionário e influência soviética sobre a Península Ibérica, presente nos governos republicanos, e ao mesmo tempo estabeleceu as bases para um entendimento entre os dois estados ibéricos. A materialização desse novo ambiente político traduziu-se na assinatura do Tratado Luso-Espanhol de Amizade e Não-Agressão, vulgarmente referido como Pacto Ibérico, em Março de 1939. A necessidade de reiterar a neutralidade ibérica, face à eclosão da Segunda Guerra Mundial, levou à assinatura de um Protoloco Adicional em Julho de 1940.

O início da Segunda Guerra Mundial obrigou as autoridades portuguesas a um reforço de actuação nos pilares fundamentais da política externa nacional. Por um lado, reforçou-se a componente não interventiva nos assuntos continentais, através da reafirmação da vocação ultramarina da nação portuguesa, ao mesmo tempo que se tentava garantir a neutralidade espanhola perante o conflito europeu. Reforçou-se ainda a ligação a Inglaterra, mediante a assinatura de um acordo militar que visava o reapetrechamento das forças armadas portuguesas. Os esforços portugueses no sentido de garantir a neutralidade peninsular foram atingidos em 1943, mediante o abandono espanhol da declaração de não-beligerância para a posição de neutralidade. Esta situação coincidiu com o recuo dos exércitos alemães na frente leste, momento a partir do qual passaram a estar na defensiva face à ofensiva dos exércitos aliados, tanto a leste como a oeste.

A pressão exercida pelos Aliados (EUA e Inglaterra) sobre as autoridades de Lisboa, no sentido de permitirem a cedência de facilidade militares nas ilhas açorianas, levou a uma aproximação lusa às potências democráticas ocidentais, nomeadamente com os EUA. Esta fase marcou o início da ligação de Portugal aos Estados Unidos.

O fim do conflito mundial e a derrota dos totalitarismos marcou o início da reorganização do sistema internacional protagonizado pelos EUA. A hegemonia inglesa no sistema internacional deu lugar à hegemonia polarizada em torno das potências vencedores da Segunda Guerra Mundial, EUA e URSS. A organização do Sistema Internacional anterior à guerra em torno da Sociedade das Nações foi substituída pela criação das Nações Unidas em Outubro de 1945. As propostas democratizantes e descolonizadoras apresentadas pelos EUA no pós-guerra colidiam frontalmente com as práticas protagonizadas pelo governo de Lisboa. Ideologicamente, o mundo pós-guerra era adverso ao entendimento que Salazar tinha da condução dos assuntos políticos internacionais, fundamentado em princípios anti-democráticos e anti-liberais. A condução da política externa portuguesa neste novo contexto procuraria encaixar Portugal ao lado das potências ocidentais, ao mesmo tempo que mudanças cosméticas foram sendo realizadas internamente.[69]

Uma dessas iniciativas inaugurais foi a «atitude pró-activa do regime», manifestada em Agosto de 1946, de adesão à ONU, conforme bem salienta David Castaño, e que na opinião deste autor, revela a «estratégia de adaptação do regime ao novo sistema internacional do pós-guerra». Sendo Portugal membro da Sociedade das Nações estava

---

[69] OLIVEIRA, César, «Oliveira Salazar e a política externa portuguesa: 1932-1968», *in* ROSAS, Fernando, Ó, Jorge Ramos do, OLIVEIRA, César (Ed.), *Salazar e o Salazarismo*, p. 85.

claro, no pensamento de Salazar, o interesse em pertencer à organização que lhe daria continuidade no pós-Segunda Guerra Mundial.[70]

A pretensão portuguesa contava com o apoio dos EUA e da Inglaterra, que se inseria na adesão do bloco dos países neutros à ONU. Porém, o processo de adesão revelou-se mais espinhoso do que à primeira vista seria de supor. Uma vez que a transição automática da Sociedade das Nações para a ONU não era possível, Portugal viu-se obrigado a submeter um pedido formal. A análise do pedido sujeitava-se à votação dos membros do Conselho de Segurança, órgão composto em permanência pelos vencedores da Segunda Guerra Mundial (EUA, Inglaterra, França, URSS e China), integrando rotativamente outros países. O pedido português foi recusado pela URSS e pela Polónia, baseando-se estes países, por um lado, na ausência de relações diplomáticas e, por outro, na proximidade do regime português ao franquista.[71] A recusa serviu de argumento ao regime português, tanto no plano externo como interno. Externamente, as autoridades portuguesas utilizaram o facto como uma tentativa de desmascarar os soviéticos no plano internacional; internamente, reforçou-se a postura anti-comunista defendida pelo regime. A título compensatório foi proposto que Portugal aderisse à UNESCO, o que foi declinado por Salazar.

Outra etapa da integração de Portugal no novo sistema internacional prende-se com o Plano Marshall 1947-1952 (ERP), ao qual adere em 1947, em termos institucionais (OECE), estando presente em todas as reuniões de Paris. Contudo, prescinde dos fundos disponibilizados pelos norte-americanos para a reconstrução europeia. Só no ano seguinte, em 1948, as autoridades portuguesas solicitam acesso aos fundos, perante a grave crise económico-financeira que se instalou em Portugal. A recusa inicial foi apresentada aos portugueses como demonstrativa da boa saúde financeira do país e do modo como o regime do Estado Novo contribuiu para tal. A postura do regime no decurso do processo negocial caracterizou-se por atitudes expectantes,

---

[70] CASTAÑO, David, «Portugal e a ONU, a primeira aproximação», *Relações Internacionais,* n.º 47, pp. 9-13.

[71] *Ibidem*, p. 27.

ao mesmo tempo que ia procedendo a ajustamentos em função das circunstâncias, pontuado por hesitações e alterações de rumo.[72]

A nova realidade da Guerra Fria conferiu uma legitimação renovada ao regime português, pela importância geoestratégica das ilhas açorianas, determinantes para a estrutura militar dos EUA num futuro conflito europeu com a URSS. Em 1948, Portugal e os EUA assinam um acordo bilateral de cooperação militar que permite a utilização, em tempo de paz, das facilidades concedidas nos Açores. Em 1949 Portugal é convidado a aderir enquanto membro fundador ao sistema de segurança atlântico (NATO), em conjunto com as restantes potências ocidentais. No plano diplomático estes acontecimentos são um triunfo da diplomacia portuguesa, uma vez que no contexto ibérico cabe a Portugal a relevância que é negada a Espanha nesta fase. Todavia, a adesão portuguesa aos organismos de cooperação e enquadramento internacionais criados no pós-guerra, para além da motivação política, seriam mais uma motivação moral para Salazar, na medida que representavam uma «cruzada» contra o comunismo e a ascensão de Moscovo.[73]

Até meados da década de 1950 a política externa portuguesa pautou-se por uma fase de abertura internacional, que se pode caracterizar como «um dos períodos mais favoráveis da política externa do Estado Novo, que só a adesão à ONU, em 1955 virá a encerrar».[74] O reverso desta abertura e da exposição internacional sobre as opções do governo de Lisboa, em matéria de política colonial, inaugurou uma fase de atrito. Primeiro, com os novos países independentes da Ásia e de África e, mais tarde, com parceiros e aliados ocidentais.

A política externa portuguesa irá ressentir-se perante o aumento do criticismo fundamentado no «princípio da contestação internacional

---

[72] ROLLO, Fernanda, *Portugal e o Plano Marshall. Da Rejeição à Solicitação da Ajuda Norte-Americana (1947-1952)*.

[73] MARTINS de CARVALHO, Henrique, «Portugal e o Pacto do Atlântico», *in* SEVERIANO TEIXEIRA, Nuno, «Da neutralidade ao alinhamento: Portugal na fundação do pacto do Atlântico», *Análise Social*, vol. XXVIII, pp. 55-80.

[74] TEIXEIRA, Nuno Severiano, «Entre África e a Europa: a política externa portuguesa 1890-1986», *in* COSTA PINTO, António (Coord.), *Portugal Contemporâneo*, pp. 82-83.

à política colonial do regime», inaugurando uma fase de grandes dificuldades e de crescente isolacionismo do regime português. O início da contestação armada, a partir de 1961 em Angola, que se alastra à Guiné e a Moçambique, acentuam o isolamento do regime no panorama internacional.[75] Os últimos treze anos do Estado Novo pautam-se pelo reforço da opção colonial e das operações militares em África, causando um desgaste cada vez maior na política externa portuguesa.

O desbloqueio desta situação só foi possível através da intervenção militar protagonizada pelo Movimento das Forças Armadas portuguesas, que conduziram ao Golpe Militar de 25 de Abril de 1974, pondo fim ao regime do Estado Novo e abrindo caminho para o fim dos conflitos armados em África, ao mesmo tempo que tornaram possível a formação de novos estados independentes.

As Relações com os EUA

Uma vez abordada a política externa portuguesa ao longo das várias conjunturas políticas – Monarquia, República e Estado Novo –, debrucemo-nos agora sobre as relações políticas e diplomáticas entre Portugal e os Estados Unidos da América. Procurar-se-á referenciar os principais momentos dessa relação, partindo da independência dos EUA no século XVIII, até ao fim do Estado Novo em Abril de 1974.

A Aliança Luso-Britânica balizou desde sempre a política externa portuguesa, fornecendo aos governantes portugueses as linhas orientadoras segundo as quais coordenaram as suas acções. Este critério foi válido para as três conjunturas políticas identificadas nos parágrafos anteriores, tendo como limites máximos não afrontar os pressupostos da aliança entre as duas nações.

A guerra travada entre a Grã-Bretanha e as suas colónias na América do Norte, que levou à independência destas, a 4 de Julho de 1776, contou com a neutralidade das autoridades de Lisboa, apesar das obrigações decorrentes da Aliança Luso-Britânica e das pressões inglesas sobre o governo português. A jovem nação americana pôde

[75] *Ibidem*, p. 85.

assim contar com o reconhecimento português da sua independência, a 15 de Fevereiro de 1783, reinava então D. Maria I. O Tratado de Paris, assinado entre a Grã-Bretanha e os Estados Unidos da América, a 3 de Setembro de 1783, reconheceu oficialmente a nova nação.[76]

As negociações e a assinatura de acordos comerciais entre os EUA e Portugal tiveram lugar em Londres, em Abril de 1786; foram signatários Thomas Jefferson e John Adams pelos EUA e Luís Pinto de Sousa Coutinho por Portugal. Porém, esses acordos nunca foram ratificados pelos respectivos governos. A possível explicação para tal facto é adiantada por Kenneth Maxwell, residindo a sua justificação nos contactos estabelecidos entre os defensores da independência brasileira e os representantes dos EUA, em finais do século XVIII. Contudo, as relações diplomáticas entre os dois estados não foram contagiadas. Em 1791, Cipriano Ribeiro Freire foi nomeado como ministro residente nos EUA, em representação do governo do Reino de Portugal. Por parte dos EUA, foi nomeado o coronel David Humphreys, que apresentou credenciais em Lisboa a 13 de Maio de 1971.[77]

O reconhecimento precoce da independência dos EUA por parte das autoridades portuguesas, contrariamente ao que se poderia supor, não conferiu uma ligação privilegiada ou especial entre os dois estados. O século XIX não trouxe uma proximidade às relações oficiais, tão mais que os EUA tinham como princípio político, consagrado na doutrina Monroe, a não intervenção nas questões europeias, a par duma política isolacionista favorável à sua própria afirmação enquanto nação soberana. É possível sintetizar as relações diplomáticas entre Portugal e os EUA baseando-nos nas palavras do diplomata Calvet de Magalhães: «A imagem pouco favorável de Portugal nos meios políticos e culturais americanos e no próprio público americano em geral [...], devido à sua decadência política, atraso económico e constante instabilidade governativa, aliada à tradicional relutância dos Estados Unidos em se envolverem nos assuntos europeus contribuiu certamente para que os

---

[76] MAGALHÃES, José Calvet de, *História das Relações Diplomáticas entre Portugal e os Estados Unidos da América (1776-1911)*, p. 11.

[77] MAXWELL, Kenneth, «Relações entre Portugal e os Estados Unidos (1776--1820), contributos adicionais, *Relações Internacionais*, n.º 51, pp. 75-87.

políticos de Washington não vissem com clareza, ou sequer com interesse, as potencialidades políticas e comerciais de uma aproximação construtiva e duradoura com a monarquia portuguesa.»[78]

Em contraciclo com a realidade descrita no parágrafo anterior temos a acção de Andrade Corvo, ministro dos Negócios Estrangeiros português no governo de Fontes Pereira de Melo, entre 1871 e 1878, cuja compreensão da crescente importância dos EUA no panorama internacional levou a que se tentasse uma «espécie de aliança estratégia, entre Lisboa e Washington», derivada da posição geográfica de Portugal, que se considerava como sendo a fronteira geográfica da Europa em relação ao continente americano. Nesse sentido, propôs profundas alterações ao sistema comercial e colonial português, de modo a que Portugal viesse a ser o «primeiro e principal empório do comércio da América com a Europa», permitindo a construção de um novo sistema de relações internacionais para o Estado português.[79]

A instauração da República em Portugal, a 5 de Outubro de 1910, numa transição por ruptura – golpe militar –, causou choque e apreensão numa Europa dominada por regimes monárquicos, à exceção da França e da Suíça. O reconhecimento internacional do novo regime português não foi imediato, sucederam-se vagas: primeiro foi reconhecido pelas repúblicas sul-americanas; em Junho de 1911, pelo governo dos EUA, após proclamação do regime republicano pela Assembleia Constituinte; e finalmente em Setembro de 1911 foi reconhecido pela Grã-Bretanha, seguindo-se o reconhecimento dos restantes estados europeus. A delonga no reconhecimento do novo regime português traduz, por parte das principais potências, o posicionamento da principal potência da época, a Grã-Bretanha, que solicitou um conjunto de garantias formais às novas autoridades portuguesas. Ainda a propósito do posicionamento dos EUA relativamente a Portugal, convém sublinhar as apreciações de Luís Nuno Rodrigues, indicando que «as

---

[78] Magalhães, José Calvet de, *História das Relações Diplomáticas entre Portugal e os Estados Unidos da América (1776-1911)*, p. 35.

[79] Moreira de Sá, Tiago, *História das Relações Portugal-EUA (1776-2015)*, p. 235.

relações entre Portugal e os Estados Unidos atravessavam um excelente período» na transição do século XIX para o XX.[80]

As relações luso-americanas conheceram novo impulso com a eclosão da Primeira Guerra Mundial e após a entrada dos EUA no conflito mundial, em 1917. A posição geográfica dos Açores, a meio caminho entre a Europa e os EUA, permitiu aos navios norte-americanos um ponto de escala e reabastecimento, contrariando a hegemonia da marinha alemã no Atlântico. Neste sentido foram solicitadas, e concedidas pelas autoridades portuguesas, facilidades militares à marinha dos EUA em Ponta Delgada. Todavia, o fim do conflito não reflectiu o empenho dos EUA nas causas europeias, pelo contrário, ditou o afastamento americano da Europa e o regresso às políticas isolacionistas que tinham caracterizado a política externa dos EUA durante o século XIX.

A queda da Primeira República portuguesa, pelo golpe militar de 28 de Maio de 1926, e a subsequente instauração de uma Ditadura Militar não produziram qualquer alteração nas relações entre os dois estados, uma vez que não se verificou «qualquer desejo de perturbar a normalidade das relações diplomáticas entre os dois países».[81]

A reaproximação e o reforço das relações luso-americanas verificaram-se novamente numa situação de conflito mundial. Após a entrada dos EUA no segundo conflito mundial, em Dezembro de 1941, a posição geográfica açoriana, considerada como «zona de articulação entre as margens do Atlântico»,[82] reassume uma importância vital para os planos dos Aliados. As relações bilaterais entre Portugal e os EUA conhecem um incremento a partir de Novembro de 1944, por ocasião da assinatura do acordo que concedeu a autorização para construção e utilização de uma base aeronaval na ilha de Santa Maria, nos Açores. O acordo com os EUA fora precedido pelo acordo formalizado em Agosto do mesmo ano, ao abrigo da Aliança Luso-Britânica, para

[80] RODRIGUES, Luís Nuno, «Portugal e os Estados Unidos durante a Primeira República», *in* MENESES, Filipe Ribeiro de, OLIVEIRA, Pedro Aires (Coord.), *A Primeira República Portuguesa: Diplomacia, Guerra e Império*, p. 208.

[81] *Ibidem*, p. 216.

[82] MEDEIROS FERREIRA, José, «Portugal e os Estados Unidos nas duas Guerras Mundiais: A Procura do Plano Bilateral» *in* RODRIGUES, Luís Nuno (Coord.), *Regimes e Impérios: As Relações Luso-Americanas no Século XX*, p. 25.

concessão de facilidades militares aos ingleses nos Açores, nesta caso na ilha Terceira. Podemos assim afirmar que a entrada dos EUA nos Açores ocorreu sob os auspícios da Inglaterra e da Aliança Luso-Britânica.[83] Ao mesmo tempo, o acordo com os EUA marcaria o «processo de gradual integração portuguesa na esfera de influência americana»,[84] o que inicialmente foi mal digerido por Salazar, receoso que estava sobre o papel futuro dos EUA nas questões europeias.

A inserção de Portugal na esfera americana foi, contudo, lenta e efectuada com precaução, inicialmente de forma bilateral e mais tarde num contexto multilateral. A primeira abordagem continha três pressupostos fundamentais para a política externa portuguesa: a defesa do Império, a protecção da Península Ibérica e da dualidade peninsular. Os EUA declinaram esta abordagem, uma vez que não podiam garantir as exigências portuguesas para manterem a presença militar nos Açores. A fase seguinte do relacionamento luso-americano seria conduzida no âmbito da NATO, para a qual Portugal é convidado a aderir, face ao principal activo de que dispõem no âmbito da aliança, os Açores, e por insistência dos EUA apoiada pela Inglaterra, contando com a relutância dos restantes aliados europeus. O Tratado do Atlântico Norte foi assinado em Abril de 1949 e garantiu ao regime português a entrada no clube dos países democráticos. A adesão portuguesa à NATO pode ainda ser caracterizada como «um importante passo na aceitação internacional do regime e do seu alinhamento pelo Ocidente no cenário bipolar que caraterizou a Guerra Fria».[85]

As relações luso-americanas pautaram-se ainda pela adesão de Portugal a outras organizações promovidas pelos EUA, como o Plano Marshall, a OECE e a atribuição de bolsa a estudantes e investigadores portugueses ao abrigo do programa Fullbright. Outro nível de inserção seria aquele que decorreu do acordo bilateral assinado em 1951, entre Portugal e os EUA, permitindo a utilização das facilidades dos Açores

---

[83] RODRIGUES, Luís Nuno, «George Kennan e as negociações luso-americanas sobre os Açores», *Relações Internacionais*, n.º 4, pp. 53-54.

[84] NUNO RODRIGUES, Luís, *Salazar-Kennedy: A Crise de Uma Aliança*, pp. 20-22.

[85] *Ibidem*, p. 23.

em tempos de paz no âmbito da NATO, enquadrado num plano multilateral. A partir de 1951 e até 1954, o relacionamento luso-americano em termos militares é o que decorre do Military Assistance Advisory Group (MAAG), visando o apetrechamento das Forças Armadas para patamares de exigência e desempenho NATO, correspondendo à geração de oficiais portugueses que ficou conhecida como a «geração NATO».

A década de 1950 pode ser caracterizada como um período excelente nas relações luso-americanas. Pese embora as desconfianças e cautelas iniciais manifestadas por Salazar, a verdade é que tudo evoluiu rapidamente, sendo a Inglaterra substituída pelos EUA enquanto potência dominante no Atlântico e nas relações com Portugal.

As mutações no relacionamento luso-americano começaram a surgir timidamente em meados da década de 1950. As exigências indianas respeitantes à devolução dos territórios do Estado Português da Índia em 1954 e a adesão de Portugal à ONU no ano seguinte abriram as brechas iniciais. A relutância norte-americana em acompanhar o posicionamento português e em fornecer o apoio diplomático solicitado por Lisboa deu lugar a desconfianças sobre a eventual posição dos EUA face às Províncias Ultramarinas portuguesas. O entendimento de Lisboa foi expresso pelo ministro dos Negócios Estrangeiros Paulo Cunha ao referir-se a eventuais consequências negativas, tanto ao nível da NATO como da presença americana nos Açores, decorrentes do posicionamento dos EUA face às pressões sentidas por Lisboa.[86]

Contudo, a presença dos EUA nos Açores foi assegurada pela assinatura de novo acordo em 1957 e celebrada pela viagem do presidente Eisenhower a Lisboa em 1960. O embate frontal nas relações luso-americanas estaria guardado para a década de 1960 e para o presidente John F. Kennedy.

O posicionamento anti-colonial assumido pela nova administração norte-americana, associado à pressão crescente exercida pela ONU relativamente aos territórios sob administração portuguesa, acrescida das pressões internas em torno da destituição de Salazar e o começo das lutas pela independência em África, marcaram o ano de 1961 como o ponto mais baixo das relações entre Portugal e os EUA. As tentativas

---

[86] *Ibidem*, p. 28.

encetadas pela administração norte-americana, visando a alteração da política colonial portuguesa, aumentaram o nível de tensão das relações luso-americanas, que percorreu as administrações Kennedy e Johnson. O envolvimento dos EUA na Guerra do Vietnam e o agudizar das tensões Leste-Oeste direcionaram as atenções da política externa norte-americana para outros sectores e geografias, ao mesmo tempo que o conflito português travado em África entrava numa rotina, apenas pontuado por acontecimentos que mereceram destaque internacional, como a invasão da Guiné Conacri (1970) ou os massacres de Wiriamou em Moçambique (1972).

A reaproximação entre Lisboa e Washington recomeçou após a eleição de Richard Nixon, a partir de 1968. Os acordos sobre a permanência dos americanos nos Açores, mantidos durante a década de 1960, sob a forma de acordo de cavalheiros, foram retomados e formalizados em 1971, cabendo a representação portuguesa ao embaixador Calvet de Magalhães. Tudo viria novamente a mudar, e de forma radical, após o golpe militar de 25 de Abril de 1974.

Em conclusão, o relacionamento luso-americano abrangido por este estudo manifestou-se numa altura de claro reordenamento do sistema internacional no pós-Segunda Guerra Mundial, no qual surgiram dois polos de influência: EUA e URSS. O reordenamento daí decorrente levou à inserção de Portugal no campo ocidental, substituindo a tradicional aliança inglesa pela aliança com os EUA. Todavia, a adesão à esfera de influência norte-americana não traduzia uma completa aceitação por parte de Portugal dos princípios pelos quais se regiam os regimes democráticos ocidentais, nem dos novos valores anti-coloniais defendidos pela emergência de novos países no sistema internacional. A opção portuguesa pela defesa dos seus territórios ultramarinos seria assim o principal factor de tensão na relação com os EUA.

Apesar das limitações do próprio regime português verificaram-se evoluções, em parte espelhadas pela internacionalização das relações de Portugal no contexto internacional, sempre limitadas, é certo, pelas idiossincrasias inerentes a um projecto e a uma mundovisão desajustadas face às realidades circundantes.

3

OS PRIMÓRDIOS DA RADIODIFUSÃO

A partir do momento em que Reginald Aubrey Fessenden conseguiu conduzir uma experiência em que a voz humana e a música foram transmitidas à distância, sem recurso a fios, a «rádio acabara de ser inventada, por oposição ao telégrafo».[87] A experiência ocorreu em 1907 no Canadá e Fessenden conseguira transmitir a voz humana a uma distância de 200 milhas, cerca de 321 quilómetros.

O início da Primeira Guerra Mundial colocaria em pausa os desenvolvimentos que implicava esta nova tecnologia, primeiro na Europa e mais tarde nos EUA. A partir de 1918 ressurge o interesse pela rádio. No entanto, faltava descortinar qual seria a utilidade social desta nova tecnologia. Assim, as primeiras emissões de rádio concentram-se na transmissão de música em locais públicos, o receptor doméstico ainda não estava em comercialização. Esta lacuna rapidamente seria preenchida, uma vez que David Sarnoff, emigrante russo nos EUA, já tinha identificado a produção de aparelhos de rádio (telefonia) como um novo ramo de negócio. Sarnoff integrou os quadros da Radio Corporation of America (RCA) em 1919 e mais tarde fundou a National Broadcasting

---

[87] WINSTON, Brian, *Media, Technology and Society. A History from the Telegraph to the Internet*, p. 75.

Corporation (NBC).[88] Simultaneamente, foi inaugurada a primeira emissora regular de radiodifusão, a XWA/CFCF, em Montreal, Canadá.

A rádio captou rapidamente a atenção dos poderes públicos, mas também das massas populares, tanto nos EUA como na Europa, pois possibilitava a difusão e divulgação de mensagens numa escala sem precedentes, por comparação com a imprensa. Ler um texto escrito pressupõe capacidade de leitura e compressão, para ouvir rádio basta a capacidade auditiva. A expansão da rádio ocorreu de forma rápida. Em 1923 existiam já 525 estações emissoras de radiodifusão nos EUA.[89]

Neste novo contexto surgem, na segunda década do século XX, inúmeras estações de rádio, destacando-se, a nível mundial, a Rádio Moscovo, a emitir a partir de 1922 em simultâneo com a Rádio WGY de Nova Iorque, logo seguida pela Bristish Broadcasting Services (BBC). No início, a BBC emite para a Grã-Bretanha e posteriormente para o Império Britânico. Mas também Alemanha, Itália, França e Portugal vão conhecer a inauguração de estações de rádio nos anos de 1920, tanto de carácter comercial como de iniciativa pública.

No período entre as duas guerras mundiais a emissão de «A Guerra dos Mundos», da autoria de H. G. Wells,[90] interpretada por Orson Welles,[91] entre outros, na Rádio CBS, levou ao pânico cerca de seis milhões de pessoas nos EUA. Uma peça de teatro radiofónico recorreu às características do radiojornalismo da época – reportagens em directo, opiniões de peritos, efeitos sonoros, som ambiente e a emoção dos supostos jornalistas –, às quais os ouvintes estavam acostumados, dando a impressão de ser um acontecimento real. Ficou comprovado o poder da rádio, cuja influência era tão forte ao ponto de causar reacções imprevisíveis nos ouvintes. Em Portugal, o radialista Matos Maia levou a cabo uma emissão radiofónica de características semelhantes, na Rádio Renascença, na década de 1950. Consta que o próprio presidente

---

[88] *Ibidem*, p. 76.

[89] WU, Tim, *The Master Switch. The Rise and Fall of Information Empires*, p. 35.

[90] Escritor britânico; nasceu em Bromley em 1866, falecido em Londres, em 1946.

[91] Cineasta e actor norte-americano nascido no Wisconsin. Faleceu em Hollywood, em 1985.

do Conselho, Oliveira Salazar, estaria a ouvir a emissão e terá solicitado uma intervenção policial – o Governo Civil de Lisboa fazia paredes meias com a Rádio Renascença – para ver o que se passava com tão estranha emissão. O programa foi interrompido e o locutor Matos Maia passou o resto da noite nos calabouços do Governo Civil a explicar o sucedido.[92]

O poder de difusão da rádio será rapidamente compreendido pelos poderes em ascensão nos anos 20 e 30 do século XX. Assim, comunistas e fascistas vão fazer uso amplo da nova tecnologia, de forma a estabelecerem um contacto mais rápido e directo com as massas.[93] As grandes comunicações passaram a ser realizadas através da rádio, podendo ser políticas, desportivas ou de eventos extraordinários. O poder da comunicação em directo suplantava a imprensa.

A 13 de Março de 1938, na primeira emissão em língua portuguesa, a BBC informa: «Hitler entrou hoje à noite em Viena, no meio de um entusiasmo formidável».[94] A Europa encontrava-se à beira de uma nova guerra mundial, que teria início no ano seguinte, com a invasão da Polónia pela Alemanha. Ao mesmo tempo, trava-se uma guerra radiofónica na qual os regimes autoritários faziam a promoção dos seus valores e ideais, o mesmo acontecia com países democráticos como a Inglaterra ou os Estados Unidos, porém de sinal contrário.

Neste novo contexto, o novo sector de radiodifusão assumiu aspectos diversos em ambos os lados do Atlântico. Nos EUA, o mercado de radiodifusão caracterizou-se por ser aberto, concorrencial, com uma forte matriz comercial, cabendo ao Estado uma função reguladora e de supervisão, patente na criação em 1934 da Federal Communications Comission (FCC). Na Europa foram os estados a liderar o processo de criação de estações de rádio; a política radiofónica era restritiva face à iniciativa privada. Em Inglaterra, a BBC, fundada em 1922, ganhava notoriedade pelo serviço internacional durante a Segunda Guerra

---

[92] MAIA, Matos, *A Invasão dos Marcianos + 3 Fantasias Radiofónicas*, pp. 47-49.

[93] PENA RODRIGUEZ, Alberto., *O Que Parece É – Salazar, Franco, e a Propaganda Contra a Espanha Democrática.*

[94] GOLIN, Cida, ABREU, João Baptista de (Org.), *A Batalha Sonora: o Rádio e a Segunda Guerra Mundial.*

Mundial, junto dos povos da Europa ocupada pelas forças nazis, mas também em Portugal, onde era conhecida como a «Voz de Londres».[95] Em Itália fundou-se a União da Rádio Italiana, em Agosto de 1924; mais tarde, em 1927, foi criada a Ente Italiano Autione Radiofoniche,[96] reforçando o controlo estatal sobre o sector. Na Alemanha, em 1925, foi fundada a Reichs Rundfunk Gesellschaft (RRG); a ascensão de Adolf Hitler ao poder, em 1933, transformou a emissora numa das principais armas de propaganda ao serviço do regime alemão.

Rádio em Portugal: Estado *vs.* Privados

Também em Portugal surgiram emissoras de radiodifusão a nível local, regional e nacional. A princípio fruto da iniciativa particular, ao longo da década de 1920, e posteriormente por determinação governamental. Disso mesmo deu conta o decreto n.º 17.899 de 27 Janeiro de 1930, estipulando no artigo 1.º o monopólio estatal sobre os serviços de radiodifusão, porém ressalvando a possibilidade de concessões futuras mediante concurso público.

Assim, a década de 1930 marcou em Portugal a inauguração do Rádio Clube Português (RCP), em 1931, resultando do crescimento do Rádio Club Costa do Sol, propriedade de Jorge Botelho Moniz, oficial do Exército e participante no 28 de Maio de 1926. A Emissora Nacional será constituída através do decreto-lei n.º 22.783, de 29 de Junho 1933, começando a emitir em Agosto de 1935. O primeiro director da empresa foi o capitão Henrique Galvão, antigo sidonista e futuro opositor de Salazar. Na cerimónia de inauguração, Galvão sintetiza a missão da nova instituição: «Em resumo: a Emissora Nacional, realização do Estado Novo, é hoje como mais um soldado que se alista, uma força ao serviço do Estado Novo».[97] Na mesma cerimónia, o presidente Carmona frisou no seu discurso a importância da rádio

[95] Ribeiro, Nelson Costa, *Salazar e a BBC na Segunda Guerra Mundial: Informação e Propaganda*, p. 119.

[96] *Ibidem*, p. 39.

[97] Torgal, Luís Reis, *Estados Novos, Estado Novo: Ensaio de História Política e Cultural*, vol. ii.

para a «ligação da Metrópole com os nossos domínios coloniais, indispensável pelo seu grande alcance nacional e social».[98] O mote estava lançado – a rádio contribuiria para consolidar a noção de Império tão cara ao Estado Novo.

Também a Igreja Católica viu uma oportunidade nesta nova tecnologia e assim surgiu a ideia de criação de um emissor de radiodifusão. A ideia foi inicialmente exposta na revista ilustrada *Renascença*, pelo jornalista Zuzarte Mendonça: «Muitas são já em Lisboa as estações emissoras. Mas os católicos não possuem ainda a sua, e só com extrema dificuldade e por especial favor podem recorrer a uma ou outra para se fazerem ouvir [...] Compreendem os leitores sem esforço as incalculáveis vantagens que uma estação nossa nos traria a todos?»[99] A Rádio Renascença deu início às emissões regulares a 1 de Janeiro de 1937, em onda curta e média.

Seria «através da rádio que uma parte significativa da população passou a ter conhecimento do que se passava nas várias regiões do país», tendo em conta o seu carácter imediato e universal, que podia ser escutado por todos, inclusive os analfabetos.[100]

Nos anos iniciais da actividade da Emissora Nacional, as opções de Salazar em matéria de radiodifusão, longe de gerar consensos, seriam uma das causas da vulgarização da escuta das emissoras estrangeiras, incrementadas pelo eclodir da Segunda Guerra Mundial.[101] Porém, as três emissoras (Rádio Clube Português, Rádio Renascença e Emissora Nacional) contribuíram para a disseminação do ideário salazarista na sua fase inicial, quer fosse através das transmissões de cerimónias oficiais, menções à obra do governo ou palestras, onde era enaltecido o papel de Oliveira Salazar por contraponto aos governos republicanos que lhe antecederam. Estava deste modo definido o panorama radiofónico português, que não sofreu grandes alterações até 25 de Abril de 1974.

---

[98] *Ibidem*.

[99] Consultado em https://rr.sapo.pt/especial/80687/renascenca-a-historia-de-80-anos-de-radio a 09.04.2019.

[100] Ribeiro, Nelson, «A política radiofónica do Estado Novo (1933-1945), *in* Garcia, José Luís, Alves, Tânia, Leonard, Yves, *Salazar, o Estado Novo e os Media*, p. 50.

[101] *Ibidem*, p. 51.

Porém, a prova de fogo da rádio portuguesa ainda estava para acontecer. O conflito espanhol que opôs a Frente Popular, democraticamente eleita, às forças rebeldes do general Francisco Franco, considerado por muitos autores como a antecâmara do conflito europeu que foi a Segunda Guerra Mundial, contou com o apoio português a vários níveis, sendo que o que nos interessa aqui conhecer é o papel da rádio e o seu contributo para a guerra hertziana no contexto peninsular.

O panorama radiofónico português nos anos 1930 cingia-se a três rádios com cobertura nacional: a estação oficial, Emissora Nacional, encarregue de transmitir a posição oficial do governo português; a Rádio Renascença, destinada a ser uma emissora da Igreja Católica e por isso mais afastada do tratamento de temas políticos; o Rádio Club Português, propriedade do capitão Botelho Moniz, cuja intervenção no conflito espanhol foi intensa e «seria [o próprio] recompensado com inúmeros actos de homenagem organizados pelos vencedores».[102] Ainda sobre as estações radiofónicas portuguesas, tanto a Emissora Nacional como o Rádio Clube Português são consideradas como «autênticas trincheiras de combate na luta propagandística com as emissoras leais a Madrid e Barcelona.»[103]

Por outro lado, o conflito espanhol obrigou as emissoras portuguesas a um rápido crescimento, expresso e materializado através do aumento do número de horas de emissão, da aquisição de novos equipamentos, incluindo meios móveis para conduzir emissões de exteriores, ou a emissão de programas realizados especificamente para os ouvintes espanhóis. Neste particular, o Rádio Clube Português foi o que mais se destacou, uma vez que a sua actuação em prol das hostes franquistas em nada comprometia a posição oficial, uma vez que se tratava de uma emissora particular. Na década de 1950, o próprio general Franco encarregar-se-ia de conceder condecorações aos responsáveis portugueses pelas emissões do Rádio Clube Português, em reconhecimento pela ajuda prestada. As capacidades de radiodifusão portuguesas eram indiscutíveis, bem como os seus técnicos estavam familiarizados com os usos da propaganda por via da radiodifusão e

---

[102] PENA RODRÍGUEZ, Alberto, *O Que Parece É – Salazar, Franco e a Propaganda Contra a Espanha Democrática*, p. 65.

[103] *Ibidem*, pp. 66-67.

por isso mesmo aptos a aceitar o repto dos responsáveis da Radio Free Europe no início da década de 1950.

Em paralelo com a expansão da rádio em Portugal, a expansão radiofónica europeia ocorreu num período particular, ou seja, é concomitante com a emergência dos fascismos na Europa. Em Portugal, o regime do Estado Novo, inaugurado em Março de 1933, insere-se nessa vaga de autoritarismo que percorreu o continente europeu. Salazar reconhece no novo meio de comunicação o instrumento ideal para conduzir a propaganda do regime, ao mesmo tempo que reforça a actuação da censura e cria a Secretaria da Propaganda Nacional (SPN), dirigida pelo jornalista António Ferro. Nesta fase inicial dos anos 1930, «o SPN, bem como a Emissora Nacional trabalhavam sob a supervisão da Presidência do Conselho, ou seja, de Oliveira Salazar.»[104] Se por um lado a máquina da Secretaria da Propaganda Nacional se dedicou a criar uma narrativa favorável à Emissora Nacional, a Censura evitou a publicação ou divulgação de visões contrárias, exercendo um forte controlo sob a imprensa e a rádio.

Atmosfera diferente e mais desanuviada foi aquela que se construiu no então Ultramar Português em matéria de radiodifusão.

Tanto em Angola como em Moçambique a emergência da rádio foi fruto da iniciativa privada, em especial dos rádio clubes, remontando aos anos 1930. O governo central marcava presença através da Emissora Oficial de Angola, contudo revestida de um carácter mais institucional. O dinamismo das economias coloniais, em particular de Angola, em finais dos anos 1950, levou ao incremento do campo publicitário explorado pelas rádios e sua fonte de recursos. Em Moçambique, a forte influência sentida pela vizinhança com a África do Sul e a então Rodésia introduziu alinhamentos programáticos distintos dos produzidos na metrópole. Porém, seria o eclodir da Guerra Colonial que marcaria o crescimento e a expansão das rádios em espaço colonial. Por último, a ausência do meio televisivo no espaço colonial teve como consequência a exploração em maior profundidade das potencialidades oferecidas pela rádio.[105]

---

[104] *Ibidem*, p.41.

[105] Torres, Sílvia, *O Jornalismo Português e a Guerra Colonial*, pp. 53-59.

4

A DIMENSÃO RADIOFÓNICA DA GUERRA FRIA

A derrota das potências do Eixo, em 1945, inaugurou uma reformulação e reorganização do sistema internacional e, consequentemente, novas estratégias de propaganda, ligadas à disseminação dos valores representados, pelos EUA e pela URSS, entre os seus aliados e opositores. A tecnologia de radiodifusão colocada à disposição das duas superpotências abriu espaço a combates hertzianos, especialmente na Europa, durante a Guerra Fria. O início da década de 1950 foi marcado pela criação de estações de rádio, cujo objectivo principal se centrou nesse combate, como é o caso da Radio Free Europe (1949) e da Radio Liberty (1953). O mesmo se passou no campo soviético com a Rádio Moscovo e suas congéneres dos países socialistas.

As emissões radiofónicas e o uso intensivo da propaganda no pós-Segunda Guerra Mundial fizeram parte de um conjunto de opções estratégicas no âmbito da política externa norte-americana, tendo como objectivo conter a ameaça comunista sobre a Europa, em conformidade com a visão de George F. Kennan. A estratégia assentava em dois pilares: por um lado fortalecer a Europa Ocidental, de modo a desencorajar tentativas soviéticas de carácter expansionista; por outro exercer pressão junto dos países da Europa Central e Oriental, de forma a contrariar a hegemonia soviética nesses territórios. Na visão geral de Kennan, a implementação de tal estratégia percorria todas as esferas do poder: militar (NATO), económico (Plano Marshall), diplomático e também ao nível da comunicação social.[106]

O suporte institucional e financeiro para implementar os emissores de rádio (Radio Free Europe e Radio Liberty) foi fornecido através do National Committee for a Free Europe (NCFE), rebatizado mais tarde de Comité Europa Livre (FEC), e pelo Comité Americano de Libertação do Bolchevismo (Amcomlib). Ambos sob a orientação de Frank Wisner, responsável pelo Gabinete de Coordenação Política (OPC), agência criada em 1948 no âmbito das operações psicológicas e incorporada na CIA, no início dos anos 1950. A afluência de figuras importantes no panorama político e financeiro norte-americano foi determinante para a obtenção de apoios e fundos durante as décadas de 1950 e 1960. [107]

O racional por detrás das emissões de rádio para os países sob influência soviética, e mesmo para a própria URSS, baseava-se na constituição de uma alternativa credível no que tocava à informação, apresentando-se aos ouvintes como emissores de cariz local, porém a emitir do exterior, e por isso sem sujeição a qualquer tipo de censura ou condicionamento. As línguas utilizadas seriam as dos países receptores, uma vez que todas as emissões eram garantidas por refugiados desses territórios, contribuindo para uma maior difusão e penetração das matérias difundidas.

Porém, duas linhas orientadoras conduziram a política americana nesta matéria, tendo em conta qual deveria ser o papel assumido pela Radio Free Europe: revolucionário ou evolucionista. A visão revolucionária propunha uma política libertadora para os povos da Europa de Leste sob influência soviética, na linha do que era proposto pelo

---

[106] George F. Kennan, «The Inauguration of Organized Political Warfare», 30 de Abril de 1948, History and Public Policy Program Digital Archive, National Archives and Records Administration, Record Group 59, Entry A1 558-B, Policy Planning Staff/Council, Subject Files, 1947-1962, Box 28; disponível em: https://digitalarchive.wilsoncenter.org/document/208714, consultado em 02.02.2019.

[107] General CIA Records; CIA-RDP80B01676R004000070012-0; Crusade for Freedom European Trip October 20 to 29, 1954 to Radio Free Europe Sponsored by the American Heritage Foundation; disponível em https://www.cia.gov/library/readingroom, consultado em 11.06.2019.

secretário John Foster Dulles. As emissões iniciais da Radio Free Europe faziam eco dessa visão, clamando pela libertação dos países da Europa de Leste do jugo soviético.

No campo evolucionista, a proposta assumia um sentido mais gradual, sem causar atritos desnecessários com a URSS, sendo por isso contrária às tentativas subversivas ou de alteração súbita das relações de poder. Escudavam-se na necessidade de reforço militar americano em solo europeu, de forma a respaldar qualquer tentativa insurreccional por meio da propaganda veiculada pela Radio Free Europe: «Mantendo a sua oposição básica ao sistema soviético e continuando a declarar os seus males: mas enfatizando mudanças evolutivas em vez de revolucionárias. Ao mesmo tempo, deixar claro que, embora os EUA estejam determinados a proteger os seus interesses vitais de segurança pela força, se necessário, não procura impor as suas ideias de governo à URSS pela força.»[108]

A chegada do general Eisenhower à presidência dos EUA inaugurou uma abordagem nova relativamente ao modo de lidar com o campo socialista. Os decisores em Washington tomam consciência de que a Guerra Fria não seria ganha de forma rápida e muito menos através do poder militar. As armas a utilizar e os soldados envolvidos nesse combate seriam de natureza diferente da dos conflitos clássicos. Ainda distante da conceptualização de *Soft Power* proposta e desenvolvida por Joseph S. Nye Jr.,[109] nos anos 1980, tornava-se claro que o combate seria travado por outros meios para além do militar.

A revolta na Hungria, em 1956, e a «Primavera de Praga», em 1968, foram confirmadas *a posteriori* como excelentes «campos de batalha» para os profissionais da Radio Free Europe. A guerra psicológica privilegiou a utilização da propaganda em larga escala, como forma de desacreditar não só os soviéticos, mas também os governos dos países satélites da URSS, dando um apoio claro às oposições internas no

---

[108] National Security Council, «*Exploitation of Soviet and Eastern European Vulnerabilities*», NSC 5505/1, 31 de Janeiro de 1955; Departamento de Estado, arquivos S / S – NSC: lote 63 D 351, série NSC 5505; disponível em: www.history.state.gov.

[109] NYE JR., Joseph S., *Soft Power: The Means to Success in World Politics.*

sentido de derrubarem aquilo que no ocidente era considerado como governos marioneta. A propósito da actuação da CIA enquanto alter-ego da Radio Free Europe/Radio Libery, A. Ross Johnson apresentou uma análise detalhada e documentada nas suas investigações.[110] Os efeitos do trabalho desenvolvido pela Radio Free Europe foram fortes ao ponto de causarem impacto, tanto ao nível das elites como da opinião pública dos países da Europa de Leste. Disso mesmo deu testemunho o presidente Vaclav Havel, ao reconhecer o papel determinante da Radio Free Europe no contexto da Revolução de Veludo:

> *Mais importante é o que a Radio Free Europe significou para o nosso país. No decurso dos longos anos do comunismo, a Radio forneceu a única via para o livre intercâmbio de informações, para o jornalismo livre e também a única, ou melhor, a principal fonte de comunicação entre a oposição com o público, a sociedade em geral e a nação. Acredito que a nossa sociedade deve gratidão imensa à Radio Free Europe pelo papel que desempenhou no passado.*[111]

Por outro lado, o esforço realizado pela URSS e pelos países de Leste na utilização de contramedidas visando dificultar ou, até mesmo, impossibilitar, as transmissões radiofónicas da Radio Free Europe, é indicador do sucesso conseguido. Nesse esforço de silenciar a Radio Free Europe destacamos os atentados à bomba contra as instalações de Munique nos anos 1980, a par das sucessivas tentativas de infiltração por parte de elementos dos serviços secretos dos países socialistas. O mesmo aconteceu no Centro Emissor da Glória, quando em 1985, ano da visita a Portugal do presidente Ronald Reagan, se registou um atentado à bomba, sem que contudo se tivesse estabelecido uma ligação entre ambas as situações.[112]

---

[110] Johnson, A. Ross, *Radio Free Europe and Radio Liberty – The CIA Years and Beyond.*

[111] Havel, Vaclav, disponível em www.vaclavhavel-library.org, consultado em 05.12.2017.

[112] Entrevista realizada pelo autor ao Eng. Filipe Ventura, gravação captada na Glória do Ribatejo em 08.12.2017.

Uma coisa, porém, parece certa: o «combate hertziano» levada a cabo durante a Guerra Fria terá permitido fornecer um contributo para a «vitória» do modelo ocidental, sem o aumento dos riscos ao nível da segurança das nações europeias e com um custo bastante mais reduzido face a outras opções.

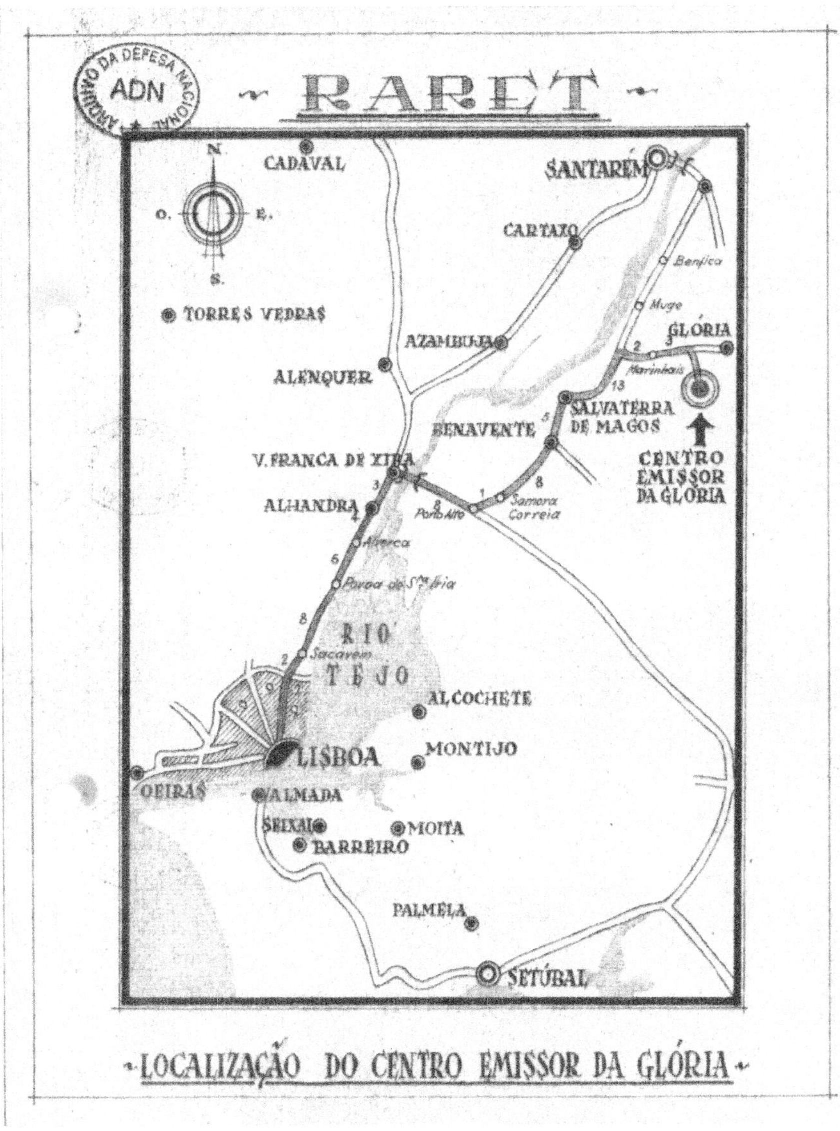

Localização do Centro Emissor da Glória.

5

A SOCIEDADE ANÓNIMA DE RÁDIO RETRANSMISSÃO S.A.R.L. – RARET

O presente capítulo aborda directamente o tema da investigação, ou seja, a Sociedade Anónima de Rádio Retransmissão S.A.R.L. – RARET, enquanto empresa portuguesa constituída em parceria entre as autoridades portuguesas e o National Committee for a Free Europe, o que por sua vez possibilitou a presença da Radio Free Europe em Portugal ao longo de quarenta e cinco anos. Em consulta aos registos da Conservatória do Registo Comercial de Lisboa e do cartório notarial do Dr. Facco Viana, onde foi lavrada a escritura, ficamos a conhecer a data de constituição da empresa – 10 de Abril de 1951. Porém, em termos públicos, o seu anúncio em Diário do Governo ocorreu a 20 de Abril de 1951.

A necessidade de contextualização histórica força-nos a recuar ao ano de 1948 e à publicação do memorando de George F. Kennan «Organizing Political Warfare»,[113] de 30 Abril de 1948, e prolonga-se até 27 Maio de 1963, data do anúncio em Nova Iorque da renovação do acordo entre o National Committee for a Free Europe/Radio Free Europe e as autoridades portuguesas. Entre estes dois momentos

---

[113] Administração Nacional de Arquivos e Registros, Grupo de Registros 59, Entrada A1 558-B, Equipa de Planeamento de Políticas/Conselho, Arquivos de Assunto, 1947-1962, Caixa 28.

tiveram lugar os acontecimentos que colocaram Portugal no epicentro da «guerra hertziana» travada entre os EUA e a URSS, no contexto da Guerra Fria.

A perceção norte-americana da crescente influência soviética na Europa Central e de Leste, estendendo-se perigosamente à Europa Ocidental, os casos de França e Itália, onde a possibilidade real de ascensão dos partidos comunistas, por via eleitoral, a posições nos governos desses países, afigurou-se a certo ponto como uma possibilidade real, levou os responsáveis norte-americanos a desenvolver esforços no sentido da contenção dessa mesma ameaça. O memorando de Kennan endereçado ao NSC esboça a criação de comités nacionais de exilados, provenientes dos países sob tutela soviética, os quais em estreita relação com as autoridades norte-americanas e sob sua supervisão ficariam encarregues de desenvolver actividades específicas para minimizar a influência soviética. A materialização de tais propostas foi discutida a 26 Agosto de 1948.[114] Decidiu-se então criar organizações filantrópicas com o objectivo de patrocinar e promover emissões radiofónicas e outras actividades dos exilados da Europa Central e Oriental. O organismo responsável por desenvolver e aplicar os pressupostos enunciados por Kennan seria o National Committee for a Free Europe, fundado em Junho de 1949, na cidade de Nova Iorque, pelos antigos embaixadores Joseph Grew e Dewitt C. Poole e tendo como presidente Allen Dulles.[115]

No ano seguinte, os americanos, em conjunto com um grupo de exilados previamente selecionados, deram início às primeiras emissões a partir da zona de ocupação americana em território alemão. A proximidade física dos alvos a atingir pelas emissões radiofónicas rapidamente revelou os seus inconvenientes, em especial a interferência produzida pelos emissores dos países da Cortina de Ferro, mas também o receio

---

[114] «Autoridades do governo dos EUA discutem emigrados para a Europa Oriental», 26 de Agosto de 1948, Arquivo Digital do Programa de Políticas Públicas e História, obtido para o CWIHP por A. Ross Johnson, citado no livro *Radio Free Europe and Radio Liberty – The CIA Years and Beyond*, p.13; documento de revisão de desclassificação obrigatória número C05458947 da CIA.

[115] PRADOS, John, *Safe for Democracy: The Secret Wars of CIA*, p. 47.

com atentados e manobras de sabotagem sobre os próprios emissores. Assim, a preocupação dos responsáveis do National Committee for a Free Europe/Radio Free Europe centrou-se em encontrar um lugar alternativo e complementar às instalações situadas na Alemanha para conseguirem ultrapassar as adversidades. Solicitaram um estudo à firma A. D. Ring de Nova Iorque para encontrar a melhor localização possível para os fins em vista. O recuo para o território mais ocidental da Europa – Portugal – permitiu aproveitar ao máximo a curvatura natural da Terra, fundamental para a transmissão em onda curtas (decamétricas), uma vez que estas dependem da camada superior da atmosfera (ionosfera) para percorrerem longas distâncias. Em paralelo com as questões de ordem técnica, haveria que considerar igualmente as questões de natureza político-diplomática, tendo em conta a génese da própria Radio Free Europe, pela ligação à CIA, o tipo de emissão que se propunha realizar e teor das mensagens a emitir, recorrendo ao conceito de *surrogate broadcasting*.

Ao conceder a licença de radiofusão à National Committee for a Free Europe/Radio Free Europe para retransmitir e emitir a partir do território português, em 1963, as autoridades portuguesas disponibilizam os meios humanos necessários, permitindo a utilização do espaço radioeléctrico nacional por uma entidade estrangeira, o que contribuiu para o êxito da Radio Free Europe, expressa no memorando de John Richardson Jr., director daquele organismo, após visitar as instalações da Radio Free Europe em Munique e da RARET, em 1962: a «feliz associação entre dois países, Portugal e os Estados Unidos», deseja-se que perdure «por muitos anos». Espelhava deste modo a aliança entre Portugal e os EUA na contenção ao expansionismo soviético na Europa.[116]

---

[116] Arquivo Oliveira Salazar, AOS-ANTT Arquivo Salazar, CM-3, Cx. 59, capilha 3. Actividade da RARET – Sociedade Anónima de Rádioretransmissão, memorando enviado ao Free Europe Committee em 1962 pelo presidente da RFE, John Richardson Jr.

Vista panorâmica do Centro Emissor da RARET
(fotografia s/d, CFT003 072329.ic).

O Conceito de Guerra Total em Tempos de Paz

A aliança do tempo da guerra entre EUA, Inglaterra e URSS estava a sofrer um desgaste rápido nos anos do pós-guerra. Nos finais de 1945, os americanos solicitaram aos soviéticos espaços de emissão radiofónica na Berliner Rundfunk, única emissora existente em Berlim, que se encontrava fisicamente no sector soviético. Os soviéticos declinaram, pelo que os americanos decidiram construir a sua própria emissora, a Rundfunk im Amerikanischen Sektor, ou RIAS. O impacto da RIAS sobre a população de Berlim foi testado durante o bloqueio à cidade pelas forças soviéticas, entre Junho de 1948 e Maio de 1949, e mais tarde na revolta de 1953 ocorrida em Berlim Leste.[117] As lições

[117] SCHLOSSER, Nicholas J., «Creating an "Atmoshere of Objectivity": Radio in the American Sector, Objectivity and the United States Propaganda Campaign against the German Democratic Republic, 1945-1961», *German History*, vol. 29, n.º 4, pp. 610-627.

aprendidas em Berlim através da utilização da RIAS serviram de modelo ao modo de funcionamento da Radio Free Europe.[118]

A fim de situar o convite feito às autoridades portuguesas para aderirem à iniciativa norte-americana promovida pelo National Committee for a Free Europe convém recuar novamente até ao ano de 1948, altura em que George Kennan estabeleceu os modos de actuação para conter o que a administração norte-americana considerava ser a ameaça soviética na Europa no pós-Segunda Guerra Mundial.

Retornemos ao pensamento de George Kennan e às suas propostas. A directiva de 30 de Abril de 1948 indicava quais as medidas de actuação possíveis para atingir os objectivos dos EUA, de acordo com a Doutrina Truman. Estas podiam variar desde a aliança política a medidas de carácter económico como o ERP,[119] propaganda branca, apoio clandestino de elementos estrangeiros considerados amigáveis, até à utilização de propaganda negra e mesmo ao encorajamento de acções clandestinas em estados considerados hostis. A direcção e coordenação das actividades no âmbito da directiva da «Political Warfare» estavam subordinadas ao Departamento de Estado, enquadrando-se nas actividades da política externa norte-americana. Neste âmbito, e ainda de acordo com a mesma directiva, coube ao Policy Planning Staff do Departamento de Estado a elaboração e/ou sugestão de modos de actuação considerando três níveis de acção:

1. Comités de Libertação cuja principal tarefa seria a de acolher refugiados políticos provenientes da URSS ou dos países satélite, providenciando o estímulo e a esperança para resistir ao domínio soviético, e em caso de guerra fomentar a formação de núcleos de resistência local.
2. Actividades clandestinas para lá da Cortina de Ferro: preconizavam a manutenção de contactos e o apoio a movimentos clandestinos que resistiam à dominação do Kremlin.

---

[118] PUDDINGTON, Arch, *Broadcasting Freedom – The Cold War Triumph of Radio Free Europe and Radio Liberty*.

[119] Economic Recovery Plan – Plano Marshall.

3. Apoio a Elementos Não Comunistas nos países do Mundo Livre, fortalecendo os elementos que combatessem na resistência ao avanço soviético e onde tal se revelasse uma ameaça à segurança nacional dos EUA.

A Doutrina Truman, segundo a qual os EUA assumiam o compromisso de «defender o mundo livre contra a ameaça comunista», estava a ser operacionalizada muito para além das capacidades de defesa militar estrita. À sociedade como um todo caberia o papel de defender um tipo de organização socioeconómica, um estilo de vida, ou seja, o «american way of life».

O memorando de Kennan endereçado ao NSC esboça a criação de comités nacionais de exilados provenientes dos países sob tutela soviética, os quais em estreita relação com as autoridades norte-americanas e sob sua supervisão, ficariam encarregues de desenvolver actividades específicas para minimizar a influência soviética. A materialização das propostas de Kennan foi discutida a 26 Agosto de 1948,[120] tendo-se decidido criar organizações filantrópicas para patrocinar emissões radiofónicas e outras actividades dos exilados da Europa Oriental.

A 18 de Junho de 1948, o NSC 10/2 consagra a CIA como a agência governamental responsável pela componente operacional da «Political Warfare», criando para esse efeito um novo departamento, o Office of Special Projects, posteriormente Office of Policy Coordination (Setembro de 1948). O responsável por este novo departamento foi Frank Wisner, um veterano do Office of Strategic Services durante a Segunda Guerra Mundial, no teatro de operações europeu.

A função principal do National Committee for a Free Europe consistia em enquadrar os exilados provenientes da URSS e países satélites espalhados pela Europa ocidental no contexto mais vasto da «Political Warfare», garantindo a essa comunidade exilada os meios

---

[120] «Autoridades do governo dos EUA discutem emigrados para a Europa Oriental», 26 de Agosto de 1948, Arquivo Digital do Programa de Políticas Públicas e História, obtido para o CWIHP por A. Ross Johnson, citado no livro *Radio Free Europe e Radio Liberty – The CIA Years and Beyond*, p. 13, documento de revisão de desclassificação obrigatória número C05458947 da CIA.

necessários e as plataformas possíveis para combater e conter a ameaça e o controlo soviético nos seus países. Uma dessas plataformas foi a Radio Free Europe. A RFE seria assim uma das quatro divisões do National Committee for a Free Europe, sendo as restantes três a National Councils Division, a American Contacts Divison e a Middle European Studies Center.[121]

As autoridades portuguesas aderiram aos pressupostos enunciados pela política externa norte-americana de combate ao comunismo e expansionismo soviético, através da concessão de facilidades de radiodifusão, a partir do território português, favorecendo o aumento das capacidades dos EUA para travar esse combate como a seguir se verá.

Convite e Adesão em 1951

A RFE iniciou as emissões a partir de Munique, Biblis e Holzkirchen, no sector americano da Alemanha ocupada, no dia 4 de Julho de 1950, em onda curta e média. Os alvos das emissões eram os países da Cortina de Ferro. As emissões eram conduzidas por naturais desses países sob supervisão norte-americana.

Baseado no pressuposto de que os ouvintes desses países seriam tão receptivos às emissões radiofónicas quanto eram os ouvintes americanos, assumindo que a programação captasse o imaginário do cidadão comum e fortemente enraizada no gosto popular, seria então possível emitir conteúdos tais como notícias, comentários de actualidade, teatro radiofónico, mensagens de exilados, entre outras matérias, incluindo subliminarmente críticas ao modelo soviético e propaganda anti-comunista. A interferência radioeléctrica (*jamming*) proveniente dos emissores soviéticos e dos restantes países do bloco socialista foi o grande obstáculo a esta estratégia, pelo que havia que contornar e ultrapassar essa situação.

---

[121] Survey Report of Sociedade Anónima de Rádio Retransmissão (RARET), Lisbon, Portugal, Sig Mickelson Papers 1950-1995, Stanford University – Hoover Institution, Collection 82074, Box 6, Portugal Rádio Retransmissão Sociedade Anónima de Rádioretransmissão, pp. 2-3.

A potência dos emissores da Radio Free Europe na Alemanha permitia a transmissão de programas em onda média e curta para a Checoslováquia e Polónia, e mais tarde para a Bulgária. Contudo, a interferência causada pelos emissores soviéticos e dos países alvo das emissões radiofónicas da RFE colocavam obstáculos sérios, comprometendo a eficácia das emissões, revelando assim a necessidade de uma localização mais adequada. Urgia transpor essa realidade rapidamente. Nesse sentido foi encomendado à firma de consultadoria A. D. Ring, um estudo, com o objectivo de identificar localizações alternativas e complementares, visando a melhoraria das condições de radiodifusão por forma a atenuar as interferências radioeléctricas.

O estudo identificou três áreas na Europa ocidental e Norte de África que reuniam as condições desejadas para os novos emissores da Radio Free Europe. A localização ideal identificada pelos engenheiros americanos foi o território português, incluindo os Açores, seguida da zona ocidental de Espanha e noroeste de Marrocos. Inicialmente, as razões de ordem técnica, como a localização e as condições de emissão e propagação das ondas de rádio, foram o foco dos engenheiros. Porém, as questões de natureza político-diplomática também faziam parte da equação, nomeadamente o tipo de programação emitida pela Radio Free Europe, a que certos países podiam não querer associar-se, e ainda as relações diplomáticas dos EUA com os possíveis países hospedeiros. Após análise do relatório pelos responsáveis do National Committee for a Free Europe, a escolha recaiu sobre Portugal, uma vez que reunia todas as condições anteriormente referidas favoráveis à instalação dos emissores. Ainda de acordo com o relatório técnico da A. D. Ring, a escolha de Portugal teve em conta o sentimento anti-comunista vigente no país, a estabilidade governativa, o nível razoável das infraestruturas, bem como o fácil acesso a Lisboa por mar ou ar.[122]

No memorando de 22 de Novembro de 1950, endereçado ao director da CIA, pelo responsável da Office of Policy Coordination, Frank

[122] Survey Report of Sociedade Anónima de Rádio Retransmissão (RARET), Lisbon, Portugal, Sig Mickelson Papers 1950-1995, Stanford University – Hoover Institution, Collection 82074, Box 6, Portugal Rádio Retransmissão Sociedade Anónima de Rádioretransmissão, pp. 4-5.

Wisner, este deu conta do ponto de situação da RFE após cinco meses de emissão e quais os desenvolvimentos futuros previstos para a emissora.

No ponto h) do memorando informou sobre a localização da nova estação emissora da Radio Free Europe, prevista para Portugal Continental ou para os Açores.[123] O passo seguinte seria a consulta às autoridades portuguesas, testando a sua sensibilidade face às intenções norte-americanas de instalar uma estação retransmissora da RFE em Portugal.

A 19 de Dezembro de 1950 o embaixador americano em Lisboa, Lincoln MacVeagh, foi recebido pelo presidente do Conselho, Oliveira Salazar, a quem transmitiu informalmente o interesse americano nas actividades da Radio Free Europe, bem como solicitou a colaboração portuguesa para a instalação em território português de emissores da RFE, mediante o estudo anteriormente referido. O embaixador tinha como missão aferir a sensibilidade do governo português face às pretensões americanas, sendo que estas seriam posteriormente transmitidas a Washington. Apresenta como argumentos positivos a ausência de encargos por parte do governo português com a operação em causa e termina frisando «o interesse comum das nações do Oeste em quebrar, tanto quanto possível, a muralha psicológica e cultural erigida pelo regime soviético entre os seus satélites desgraçados e o mundo livre».[124]

O contacto directo com o chefe do governo português reflecte a importância que os americanos atribuíam ao trabalho desenvolvido pela Radio Free Europe no contexto da Guerra Fria e, ao mesmo tempo, colocou Portugal no epicentro da guerra de propaganda enunciada no memorando «Political Warfare» de George Kennan, de 1948.

---

[123] «Wisner Update on Radio Free Europe», 22 de Novembro de 1950, Arquivo Digital do Programa de Políticas Públicas e História, obtido para o CWIHP por A. Ross Johnson, citado no livro *Radio Free Europe and Radio Liberty – The CIA Years and Beyond*, documento de revisão de desclassificação obrigatória número MORI 1137561.

[124] Arquivo Oliveira Salazar, ANTT. AOS-ANTT, Arquivo Salazar, CM-3, Cx. 59, capilha 3, «Aide Mémoire» elaborado após visita do embaixador dos EUA, Lincoln MacVeagh, ao presidente do Conselho, Oliveira Salazar. O embaixador expõe sucintamente a actividade da RFE, ao mesmo tempo que solicita a adesão das autoridades portuguesas ao projecto dos EUA e autorização para construção emissores/RFE em Portugal.

Da reunião entre o embaixador norte-americano e Oliveira Salazar não se conhece mais documentação, para além do «Aide Mémoire» elaborado na altura. Porém, foi possível mapear toda a fase negocial que levou à construção do Centro Emissor da RARET, bem como conhecer os principais intervenientes, nacionais e estrangeiros, envolvidos neste projecto luso-americano.

Em Janeiro de 1951 chegou a Lisboa o representante do National Committee for a Free Europe, H. Gregory Thomas, incumbido de negociar com o governo português os termos da licença de concessão e todas as questões de ordem prática necessárias ao funcionamento da operação da Radio Free Europe em território português.

H. Gregory Thomas, ex-membro do Office of Strategic Services, precursora da CIA, destacado em Lisboa durante a Segunda Guerra Mundial, actuou sob a designação de adido comercial e económico da Embaixada dos Estados Unidos da América em Portugal. Em 1951 retomou os contactos estabelecidos durante a guerra com figuras suas conhecidas que ocupavam posições proeminentes na sociedade portuguesa, desta feita com o objectivo de estabelecer a Radio Free Europe em território português. Abordou inicialmente o banqueiro Ricardo Espírito Santo, seu velho conhecido, com o intuito de conseguir uma via de acesso facilitada ao presidente do Conselho, no que foi bem-sucedido.[125] A este propósito os testemunhos de Tomás Pinto Basto e de Carmem Pereira corroboram e reforçam a versão de H. Gregory Thomas.[126] As contratações iniciais efectuadas por H. Gregory Thomas em Portugal foram um motorista e uma secretária. Assim, para o lugar de motorista, contratou um taxista da praça de Lisboa que fazia serviço junto ao Hotel Avis, onde se instalara. Para o lugar de secretária contratou Carmem Pereira, afilhada de Ricardo Espírito Santo. Ambos seriam os dois primeiros funcionários da futura RARET.

A opção por contactar directamente com Salazar mostrou-se acertada sob todos os pontos de vista, uma vez que foi o próprio presidente

[125] H. Gregory Thomas, gravação de 12 de Maio de 1981, Sig Mickelson papers, Box 22, Stanford University-Hoover Institution Archives.

[126] Gravações de 1 de Junho de 1981, entrevistas a Tomás Pinto Basto e a Carmen da Costa Pereira, RARET, Lisboa, 1951; 1975-1981, Sig Mickelson papers, Box 22, Stanford University-Hoover Institution Archives.

do Conselho que contactou a Emissora Nacional, na pessoa do seu director, Manuel Bívar, para o informar das intenções dos EUA e aferir as capacidades técnicas nacionais para aceder aos intentos norte-americanos. Conforme relatou Bívar a Sig Mickelson, as intenções dos EUA enquadravam-se naquilo que tinha sido a actuação portuguesa durante a Guerra Civil de Espanha já anteriormente referida e o apoio dos meios de comunicação nacionais, nomeadamente da rádio portuguesa (Emissora Navional e Rádio Clube Português) ao general Franco. Porém, os norte-americanos pretendiam realizar uma operação em larga escala e por um período de tempo alargado, entre cinco a dez anos, de acordo com Manuel Bívar.[127]

O processo negocial decorreu de Janeiro a Abril de 1951. Durante este período, H. Gregory Thomas encontrou-se diversas vezes com Salazar em São Bento, bem como com outros membros do governo directamente ligados ao processo de licenciamento e concessão. Em simultâneo, H. Gregory Thomas alugou um piso nas instalações da Standard Eléctrica, junto à Avenida da Índia, em Lisboa, local do primeiro escritório e sede da RARET em Portugal, e onde se iniciaram as primeiras entrevistas para a contratação de funcionários, engenheiros e pessoal especializado. Futuramente, a sede da sociedade ficaria definitivamente instalada no edifício da Garagem Monumental, na Avenida Padre Manuel da Nóbrega, em Lisboa.

A 5 de Março de 1951 apresentaram-se as primeiras propostas de antenas e a 5 de Abril foram entregues os planos e desenhos finais dos emissores. Por fim, a 20 de Abril, conforme publicação do Diário do Governo III Série n.º 91 de 20 de Abril de 1951, é tornada pública a constituição da Sociedade Anónima de Rádio Retransmissão S.A.R.L, ou seja, a RARET. O contrato e a licença de concessão tinham a validade de dez anos, prazo tido como suficiente para libertar do jugo soviético os países da Cortina de Ferro.[128] Findo o contrato, todas as instalações e respectivo equipamento da RARET revertiam para o Estado português. No entanto, mais tarde, o prazo inicial da concessão

---

[127] Manuel Bívar, gravação de 30 Maio de 1981, Sig Mickelson papers, Box 22, Stanford University-Hoover Institution.

[128] *Ibidem.*

foi renegociado e estendido por igual período dez anos. A renovação contratual prevista para 1961 apenas aconteceu em 1963, fruto da animosidade crescente entre os governos de Lisboa e Washington, em torno da questão de Goa, das posições assumidas pelos EUA na ONU, tendo como pano de fundo o início dos conflitos em Angola, e os apoios da nova administração Kennedy aos rebeldes da UPA-FNLA de Holden Roberto.

Ainda com o processo negocial para atribuição da licença em curso, H. Gregory Thomas desenvolveu esforços junto do seu círculo de contactos no sentido de se encontrar um terreno com a dimensão necessária para a construção do centro emissor e todos os serviços técnicos e de apoio. A escolha recaiu sobre uma propriedade do conde de Monte Real, a Herdade de Nossa Senhora da Glória, situada na Glória do Ribatejo, concelho de Salvaterra de Magos. O terreno reunia as condições desejadas, com uma área de 184 hectares, o que permitia a construção de um grande centro emissor e margem para ampliações futuras, como veio a verificar-se nas décadas seguintes. Distando cerca de oitenta quilómetros de Lisboa, era isolado o suficiente, plano e sem obstáculos naturais que impedissem a propagação das ondas de rádio. A pouca distância das principais vias de comunicação terrestres, aéreas ou marítimas, conferia-lhe a descrição e o recato necessários, condições tidas como importantes pelos responsáveis da Radio Free Europe.[129]

A lei portuguesa em vigor – Lei n.º 1.994 de 13 de Abril de 1943 – inviabilizava a constituição de sociedades comerciais, operando em Portugal ou nas colónias, cujos capitais fossem total ou maioritariamente estrangeiros. Assim, a maioria do capital deveria observar a proporção de 60/40, cabendo aos sócios portugueses a maioria e o restante aos sócios americanos. O Conselho de Administração, a mesa da Assembleia Geral e o Conselho Fiscal, reflectiam essa proporcionalidade, sendo constituídos por figuras ligadas ao regime do Estado Novo. Quanto a directores e quadros técnicos, o recrutamento recaiu

---

[129] H. Gregory Thomas, gravação de 12 de Maio de 1981, Sig Mickelson papers, Box 22, Stanford University-Hoover Institution Archives; Tomás Pinto Basto, gravação de 1 de Junho de 1981, Sig Mickelson papers, Stanford University-Hoover Institution Archives.

entre funcionários da Emissora Nacional, da Direcção dos Serviços Radioeléctricos (DSR), de alunos finalistas do Instituto Superior Técnico (IST) e da Marinha de Guerra. Destaque para a contratação dos engenheiros Manuel Bívar e Henrique Leotte, provenientes da Emissora Nacional, mas também para um grupo de sete jovens engenheiros do IST, onde se incluem Horácio Neto e Aleixo Fernandes.[130] O quadro de pessoal da RARET em Portugal, em 1951, contava com duzentos e quatro funcionários, sendo oito estrangeiros e os restantes portugueses.

O engenho e a arte dos portugueses foram deste modo colocados ao serviço das finalidades prosseguidas e consignadas pelo National Committee for a Free Europe, estabelecendo uma parceria apreciada e louvada pelos norte-americanos, conforme atestou o relatório de John Richardson Jr. citado anteriormente.

Entre a publicação da constituição da RARET no Diário do Governo de 20 Abril de 1951 e a primeira retransmissão, a 4 de Julho de 1951, a partir da Glória, decorreram sensivelmente três meses. A 26 de Abril publicou-se em Diário do Governo a convocatória para a assembleia extraordinária da companhia, realizada no edifício da Standard Eléctrica, em Lisboa, com a seguinte ordem de trabalhos: eleição da mesa da Assembleia Geral e Conselho Fiscal, e fixação dos vencimentos para os membros a eleger. Porém, o Diário do Governo de 20 de Abril de 1951 já indicava os nomes do Conselho de Administração da RARET. A presidir estava o general Peixoto e Cunha, os restantes membros portugueses seriam: Joaquim Leitão, António de Certima, António Quadros Ferro, Tomás Pinto Basto e Pedro Brito e Cunha. Em representação dos interesses americanos foram designados H. Gregory Thomas como vice-presidente e os vogais Spencer Phenix e George Caesar. Alguns dos membros do Conselho de Administração acumularam funções nos restantes órgãos sociais a eleger na assembleia geral extraordinária, sendo eleitos os restantes membros: Eng. Domingos Pereira Coutinho; Dr. João Penha e Costa; D. Vasco Pereira de Carvalho e Royal Tyler. A gestão corrente da RARET seguiu o

[130] Entrevista realizada pelo autor ao Eng. Aleixo Fernandes, gravação captada em Lisboa a 13.12.2017.

mesmo modelo proporcional da administração. Temos do lado português Manuel Bívar, Henrique Leotte e João Villa Franca, responsáveis respectivamente pela gestão da sede em Lisboa e dos retransmissores da Glória e Maxoqueira. Os americanos Henry Lolliot e W. L. Cipperly ficaram responsáveis pelas transmissões e pelos estúdios de Lisboa. Esta divisão proporcional do pessoal manter-se-á constante ao longo dos quarenta e cinco anos de permanência da Radio Free Europe em Portugal. O pessoal não especializado foi recrutado entre a população da Glória, o que permitiu uma alteração significativa das condições socioeconómicas até aí experimentadas por essa população, com consequências futuras.

Conforme mencionado no parágrafo anterior, a assembleia de 26 de Abril tomou várias decisões, entre estas destacamos o tema dos vencimentos dos órgãos sociais da RARET. Assim, o presidente do Conselho de Administração auferia 6000$00, os vice-presidentes 5000$00 e os vogais 3000$00 cada. Na Comissão Executiva, o presidente auferia 9000$00 e os vogais 3000$00 cada, destacando-se o administrador delegado norte-americano com 18 000$00. No Conselho Fiscal, o presidente auferia 3000$00 e os vogais 2000$00.[131] Os membros portugueses dos órgãos sociais da RARET tinham outras ocupações, fossem eles na vida militar, em profissões liberais ou cargos noutras empresas.

Em 1955 faleceu o Dr. Joaquim Leitão, um dos dois vice-presidentes da RARET e secretário da Academia de Ciências. O lugar vago foi rapidamente alvo de interesse, disso mesmo dá conta uma carta endereçada por D. Maria Arminda, residente em Lisboa, buscando os bons ofícios de Oliveira Salazar: «o António para esse lugar, seria ótimo para a nossa vida [...] o António na Sacor, ao contrário do que o lhe foi dito pelo Dr. Ricardo Espírito Santo, continua a só receber cinco contos por mês!»[132] A circularidade ao nível das elites do Estado Novo e o modo de governação paternalista exercida por Oliveira Salazar favoreciam pedidos desta natureza.

---

[131] Arquivo Oliveira Salazar, ANTT – Correspondência de Tito Arantes, PT/TT/AOS/E/0013/00020, AOS/CP-013, cx. 870, p. 178.

[132] Arquivo Oliveira Salazar, ANTT – Correspondência de Maria Arminda, AOS/CP-015, cx. 872, f. 554-555.

A urgência do National Committee for a Free Europe/Radio Free Europe em iniciar as transmissões a partir da Glória obrigou à deslocação por estrada, desde a Alemanha, de um emissor móvel composto por sete semirreboques, anteriormente utilizado pelo Office of Strategic Services durante a guerra. O posto emissor móvel foi mais tarde batizado pelos funcionários da RARET com o nome de «Bárbara». Ao mesmo tempo, iniciaram-se as construções dos vários edifícios do complexo da RARET, tanto na Glória (posto emissor) como na Maxoqueira (posto receptor), ficando a primeira fase concluída em Fevereiro de 1952. Nesta fase inicial instalaram-se quatro emissores de ondas curtas (General Electrics) de 50 kW de potência cada. O emissor móvel «Bárbara» emitiu de meados de 1951 até Fevereiro de 1952 e tinha uma potência de 7 ½ kW. No entanto, continuou a ser utlizado como emissor de recurso até final da década de 1950, sendo posteriormente enviado para os EUA, no início da década seguinte.

A primeira retransmissão a partir da Gloria ocorreu a 4 de Junho de 1951. Uma data duplamente simbólica, uma vez que é Dia da Independência dos EUA e, por outro lado, constituiu-se como um marco após a emissão inaugural de 4 de Julho de 1950 efectuada a partir da Alemanha. Em ambos os casos o destinatário foi o mesmo país, a Checoslováquia. Já no que diz respeito a Portugal, a data de 4 de Julho de 1951 simboliza o contributo nacional para a estratégia de «winning hearts and minds», que a presidência Eisenhower[133] elevaria a política de Estado a partir de 1953.

A consulta aos Relatório e Contas da RARET permite acompanhar a vida da RARET ao longo das décadas de 1950 e 1960. Os novos emissores transmitiam 4130 horas de programação, ou seja, 172 dias completos, para a Polónia, Checoslováquia e Hungria. A 11 de Novembro de 1952 conclui-se a segunda fase de ampliação – o centro emissor estava então a funcionar em pleno, dando-se por terminadas as instalações da Glória. A ocasião foi celebrada e presidida pelo ministro das Comunicações, general Gomes de Araújo, em conjunto com

[133] Gaddis, John Lewis, *A Guerra Fria*, Lisboa.

todos os responsáveis da RARET. Foi descerrado um padrão alusivo à cooperação luso-americana, onde se lia:[134]

> *Grande número de países europeus, ameaçados na sua vida e liberdade, contam desde agora com o auxílio dos Estados Unidos e uns com o auxílio dos outros para a defesa do seu património de divulgação. Pareceu difícil em tais circunstâncias estarmos ausentes.*
>
> ***Salazar***

> *Esta ligação vital na rede de liberdade da Rádio Europa Livre, construída pelo Comité Nacional para uma Europa Livre, através da generosidade do Povo dos Estados Unidos da América e com o entendimento e o apoio do Governo de Portugal, é dedicada, perante Deus, ao serviço da verdade. Assim possa a verdade prevalecer.*
>
> ***National Committee for a Free Europe***

A forma rápida e sem obstáculos com que decorreram as negociações para a instalação da Radio Free Europe em Portugal contrasta com outras posições anteriormente assumidas pelo governo de Lisboa face a convites dos EUA. Sugerimos como elementos interpretativos da postura das autoridades portuguesas face ao convite norte-americano cinco possibilidades interpretativas:

a) Por um lado, Portugal estabelecia uma parceria com a nova potência hegemónica do Ocidente, lutando contra o comunismo e a expansão soviética na Europa.

b) Simultaneamente, reafirmava o papel de interolocutor privilegiado no contexto ibérico, face a Espanha, à data proscrita no sistema internacional.

c) Ao mesmo tempo que reforçava o seu lugar no seio das democracias, sendo possível afirmar a luta contra o totalitarismo e o comunismo.

---

[134] Manuel Bívar, gravação de 30 de Maio de 1981, Sig Mickelson papers, Box 22, Stanford University-Hoover Institution Archives.

d) Acresce ainda o elemento financeiro, uma vez que o contrato de concessão estipulava o pagamento de rendas anuais e o emprego de mão-de-obra maioritariamente portuguesa, grande parte especializada.
e) Por último, internamente, o regime reforçava o combate aos opositores, visando, com especial incidência, os comunistas.

Apesar do carácter instrumental da participação portuguesa, uma vez que não contribuía para a criação dos conteúdos emitidos, estando estes a cargo dos diversos comités nacionais (polaco, checo, búlgaro, romeno e húngaro), assim como de norte-americanos, este seria suficiente para afirmar o papel de Portugal na luta anti-comunista encabeçada pelos EUA.

Um último ponto para abordar a questão da segurança das instalações da RARET, considerada uma instalação crítica pelas autoridades portuguesas, no mesmo nível que as instalações militares, refinarias, centrais eléctricas ou de fornecimento de água à população. Como tal, o Centro Emissor da RARET na Glória do Ribatejo foi alvo de um plano de segurança em 1953, envolvendo autoridades civis e militares. O objectivo era proteger as instalações de qualquer tentativa de sabotagem, ou acto terrorista perpetrado por agentes externos. Os detalhes desse plano encontram-se depositados no Arquivo do Secretariado Geral da Defesa Nacional. O plano apresenta ainda considerações sobre o recrutamento de pessoal, em particular a consulta aos ficheiros da PIDE, como forma de dissuadir a admissão de elementos desalinhados com a situação política vigente em Portugal ou conectados com ideais comunistas.[135]

O Éter Português ao Serviço da América

A utilização dos meios de radiodifusão para efeitos de propaganda era uma prática conhecida das autoridades portuguesas, já referida em

---

[135] Arquivo da Defesa Nacional – SGDN – Defesa dos órgãos sensíveis. Defesa das instalações da RARET 1953. PT/ADN/SGDN/1REP/058/0216/038.

capítulos anteriores, foi amplamente praticada durante a Guerra Civil de Espanha no apoio fornecido à Junta de Defesa Nacional, sediada na cidade de Burgos, e no combate, sem tréguas, declarado à República e ao governo de Madrid. Disso mesmo deu conta Alberto Pena Rodrigues ao descrever a utilização do Rádio Clube Português e da Emissora Nacional durante o conflito espanhol.[136]

As intenções norte-americanas visavam uma utilização idêntica, porém numa escala sem precedentes e por um período de tempo alargado. De acordo com H. Gregory Thomas, as reuniões mantidas em São Bento com Oliveira Salazar permitiram estabelecer contactos directos com elementos fundamentais para os objectivos norte-americanos e que se revelaram importantes para a presença da Radio Free Europe em Portugal.

Dois desses contactos por indicação directa de Salazar foram Manuel Bívar e Tomás Pinto Basto.[137] Ao expor os objectivos da Radio Free Europe a Bívar,[138] H. Gregory Thomas foi confrontado com a experiência portuguesa, descrita no capítulo anterior, durante o conflito espanhol e o modo de operar dos portugueses no apoio aos revoltosos do país vizinho.

Já a utilização da Emissora Nacional enquanto órgão de radiodifusão oficial revestia-se de uma utilização mais cautelosa e discreta, mas não menos engajada com os objectivos da Junta de Defesa Nacional liderada pelo general Francisco Franco. Manuel Bívar estava, pois, ciente das intenções americanas e dos cuidados que estes tinham face à utilização da Voice of America na campanha anti-comunista em curso.

Por outro lado, Tomás Pinto Basto, figura ligada aos interesses ingleses em Portugal, parece ter sido indicado para contrabalançar os receios de Oliveira Salazar face à predominância americana, ao mesmo tempo que possibilitava ao chefe do governo português manter-se ao

---

[136] Pena Rodríguez, Alberto, *O Que Parece É – Salazar, Franco e a Propaganda Contra a Espanha Democrática*, p. 73.

[137] H. Gregory Thomas, gravação de 12 de Maio 1981, Sig Mickelson papers, Box 22, Stanford University-Hoover Institution Archives.

[138] Manuel Bívar, gravação de 30 de Maio de 1981, Sig Mickelson papers, Box 22, Stanford University-Hoover Institution Archives.

corrente da operação através de pessoa da sua confiança.[139] Certo é que os quadros directivos da RARET foram todos ocupados por figuras gratas do regime. Através do Ministério das Comunicações, o governo indicava um representante, em regra um oficial do exército, sendo esta função remunerada. O primeiro delegado nomeado foi o capitão Reymão Nogueira, que se manteve no cargo até meados dos anos 1970. Após o 25 de Abril de 1974 manteve-se a prática da nomeação de um delegado do governo, e coube ao capitão Tomás Rosa da Força Aérea o desempenho da função até ao início dos anos 1980.

A localização geoestratégica de Portugal foi aproveitada pelos americanos no contexto da Guerra Fria em diversas dimensões, a radiodifusão foi uma delas.

A posição neutral de Portugal durante a Segunda Guerra Mundial contribuiu para que fosse colocado à margem dos trabalhos diplomáticos de reorganização do novo sistema internacional.[140] A tradicional desconfiança de Salazar face à crescente hegemonia dos EUA no hemisfério ocidental, tida como uma ameaça, precisamente porque diminuiria a capacidade de influência europeia no sistema internacional, associada à ideia de reconstrução europeia, assente nas possessões ultramarinas, limitavam a capacidade de entendimento entre Portugal e os EUA. A mudança na política externa portuguesa ocorreria a partir do Acordo das Lajes, em 1948, estender-se-ia através da adesão ao Plano Marshall e confirmar-se-ia com a adesão à NATO em 1949.[141] As relações diplomáticas e de política externa estabelecidas com os EUA permitiram ao governo português realizar uma transição segura entre as filiações autoritárias, anteriores à guerra, para o convívio com os regimes democráticos do pós-guerra. Por outro lado, estudos mais recentes abordam a ligação do regime português do Estado Novo com a empresa George Peabody and Associates, de Nova Iorque, reflectindo

---

[139] Tomás Pinto Basto, gravação de 1 de Junho de 1981, Sig Mickelson papers, Box 22, Stanford University-Hoover Institution Archives.

[140] Severiano Teixeira, Nuno, «A Política Externa Portuguesa 1890-1986», *in* Costa Pinto, António (Coord.), *Portugal Contemporâneo*, p. 81.

[141] *Ibidem*, p. 82.

«as preocupações ao nível da imagem de Portugal junto da opinião pública norte-americana».[142]

A reportagem da revista *Times* sobre Salazar e a alegoria em torno da maçã podre, retratando Portugal como país falhado, onde abunda a miséria, a corrupção e o clientelismo causam choque junto da elite governante.[143] De igual modo, as aparições da fadista Amália Rodrigues na televisão americana, ou a produção cinematográfica versando os acontecimentos de Fátima em 1917, inserem-se no mesmo modelo de divulgação de Portugal nos EUA, promovido pela empresa de relações públicas americana.

A disponibilização do «éter português» ao serviço da luta anti--comunista encabeçada pelos EUA fez de Portugal um aliado importante, contudo, «as relações luso-americanas entre 1949 e 1961 não evoluíram para patamar mais avançado do que aquele que derivava da ligação entre Portugal e os EUA, no âmbito da NATO».[144] Tal facto ficou a dever-se à incapacidade de harmonização das posições luso--americanas na Europa e no Terceiro Mundo.[145]

A longo da década de 1950, o investimento do National Committee for a Free Europe em Portugal aumentou sempre, reflexo da importância do centro emissor da Glória para a política da Radio Free Europe. Disso mesmo deu conta H. Gregory Thomas durante a renegociação da concessão em 1963, frisando que o National Committee for a Free Europe tinha gasto cerca de doze milhões de dólares, pagos ao Estado português, e que naquele momento empregava cerca de quatrocentas e cinquenta pessoas, referindo-se aos trabalhadores portugueses.[146]

A programação e elaboração de conteúdos da Radio Free Europe estiveram sempre baseadas em Nova Iorque e Munique. Porém, as

---

[142] Ribeiro, Vasco, *A Empresa de Relações Públicas Norte-Americana Contratada por Salazar (1951-1962) – A Estreia da Ditadura no Modelo Assimétrico Bidirecional no Período pós-António Ferro*, p. 157.

[143] *Ibidem*, p. 157.

[144] Marcos, Daniel, *Uma Aliança Circunstancial: Portugal e os Estados Unidos nos Anos 50*, p. 1.

[145] *Ibidem*, p. 2.

[146] H. Gregory Thomas, gravação de 12 de Maio de 1981, Sig Mickelson papers, Box 22, Stanford University-Hoover Institution Archives.

condições técnicas obrigavam à existência de estúdios de gravação e de tradutores, sediados em Lisboa, oriundos dos países alvo da programação. Nos anos iniciais de retransmissão houve momentos em que a realidade foi mais veloz do que a produção informativa: a crise de Berlim, em 1953, ou a revolta húngara, em 1956, constituem-se como exemplo disso mesmo, razão pela qual estavam sediados em Lisboa um conjunto alargado de naturais dos países da Cortina de Ferro ao serviço da RARET, desempenhando funções de tradução e locução.

A fiscalização das autoridades portuguesas exercia-se sobre as questões técnicas e administrativas da RARET, e estava a cargo dos CTT e da Direcção dos Serviços Radioeléctricos. Ausente de qualquer fiscalização por parte das autoridades portuguesas estavam os programas e os seus conteúdos. Disso mesmo dá conta um relatório elaborado pelos CTT a 17 de Abril de 1952 e enviado ao ministro das Comunicações, Gomes de Araújo.[147]

As ampliações das instalações do centro retransmissor foram sempre acompanhadas pelas autoridades portuguesas. Um relatório do ministro das Comunicações, enviado ao Correio-Mor a 13 de Julho de 1955, dá conta da fiscalização e autorização das autoridades portuguesas inerente aos pedidos de aumento de potência e equipamentos. O contrato de concessão inicial consagrava o retorno das instalações e equipamentos a favor do Estado, a preço de custo, uma vez finda a concessão. Pelo que é compreensível a atenção das autoridades, tendo em consideração os usos futuros das instalações da RARET. Novamente a 10 de Janeiro 1956, em correspondência entre o Ministério das Comunicações e o Ministério da Presidência, surge a questão do alargamento e ampliação, desta vez do centro receptor (Maxoqueira).

No entanto, o sobredimensionamento da RARET, face às necessidades de radiodifusão portuguesas, preocupava as entidades oficiais, na eventualidade da não renovação da licença, podendo estas reverter para a Emissora Nacional, para os CTT ou para o Ministério da

---

[147] Arquivo Histórico da FCP – Administração Geral CTT – Secretaria Expediente Geral, Pasta 1, Processo 4999, carta enviada ao ministro Comunicações «RARET – Fiscalização», pela AGCTT em 17 Abril 1952.

Defesa. A correspondência expedida ao longo da década de 1950 entre as entidades anteriormente mencionadas é reveladora disso mesmo.[148]

A existência dos emissores da RARET em Portugal não foi objecto de divulgação pública nas décadas iniciais, pese embora não fosse um assunto secreto, foi mantido de forma muito discreta. Contrariamente a esta postura, as publicações do National Committee for a Free Europe mencionam Portugal e as instalações da RARET, relevando o importante papel das facilidades concedidas à iniciativa norte-americana. Disso mesmo dá conta o boletim publicado pelo National Committee for a Free Europe em 21 de Setembro de 1953, sobre a operação da Radio Free Europe/RARET, onde podemos ver fotografias do emissor da Glória, descrições do trabalho realizado a partir de Portugal e palavras elogiosas ao contributo português para a organização. Na segunda página do boletim vemos uma fotografia das dezasseis torres do centro emissor da Glória, tendo ao lado uma mensagem do presidente Eisenhower em prol da Radio Free Europe e incentivando o público norte-americano a aderir à Cruzada pela Liberdade.[149]

Numa publicação do National Committee for a Free Europe intitulada «East Europe – Challenge and Opportunity», de 1961, fornece-se o balanço da actividade durante a primeira década de laboração da Radio Free Europe/RARET, sendo também anunciadas as intenções para a segunda década. Novamente é realçado o contributo de Portugal de forma aberta, com indicações e fotografias do emissor da Glória. Foi ainda apresentado na mesma publicação o West European Advisory Committee (WEAC), na qualidade de órgão consultivo do National Committee for a Free Europe para temas políticos europeus, fazendo parte deste organismo político intelectuais e académicos europeus, com destaque para dois políticos portugueses: o Prof. Paulo Cunha e o Prof. João da Costa Leite (Lumbrales), respectivamente ex-ministro

[148] Arquivo Histórico da FCP – Administração Geral CTT – Secretaria Expediente Geral, Pasta 1, Processo 4999, carta enviada pelo chefe de gabinete do ministro da Presidência ao ministro da Defesa Nacional, «Futura utilização da RARET», 13 Janeiro de 1956.

[149] Radio Free Europe, 1953, Radio Free Europe/Radio Liberty (RFE/RL) corporate records, Stanford University-Hoover Institution Archives.

dos Negócios Estrangeiros e ex-ministro da Justiça de governos de Oliveira Salazar.[150]

Vista do campo de antenas do Centro Emissor da RARET
(Fotografia s/d, CFT003 072327.ic).

Outro ponto a realçar é o crescente aumento do número de horas de emissão e dos países atingidos pelas retransmissões a partir da Glória. Disso mesmo dá conta o quadro seguinte, elaborado com recurso aos relatórios de contas da RARET para o período de 1951 a 1963:

Horas de Emissão/Ano	1952	1953	1954	1955	1956	1957	1958	1959	1960	1961	1962	1963	Total
Checo	2460	2248	2378	2289	2183	2266	2518	2505	2560	2456	2439	2467	**28769**
Hungaro	1500	2145	2855	2731	2185	2498	2671	2739	2669	2708	2739	2251	**29691**
Polaco	1400	2935	2362	2336	2634	2494	1651	1578	1697	1699	1605	2182	**24573**
Romeno			80		373	366	276	269	283	346	338	334	**2665**
Bulgaro					366	280	294	264	241	251	289	304	**2289**
Total	**5360**	**7328**	**7675**	**7356**	**7741**	**7904**	**7410**	**7355**	**7450**	**7460**	**7410**	**7538**	**87987**

Fonte: Arquivo Oliveira Salazar, AOS, CM-3, Cx. 59, capilha 3. Actividade da RARET – Sociedade Anónima de Retransmissão.

150 East Europe – Challenge and Opportunity, 1961, Radio Free Europe/Radio Liberty (RFE/RL) corporate records, Stanford University-Hoover Institution Archives.

A dimensão local é outra vertente a realçar. Glória do Ribatejo e as suas gentes beneficiaram da presença americana ao longo das quatro décadas e meia de permanência da RARET. No ensaio etnográfico *Glória – Uma Aldeia do Ribatejo*, a aldeia e as suas gentes são caracterizadas por Alves Redol como vivendo entre um arcaísmo secular e uma modernidade ausente e adiada. A vinda dos americanos para a Glória permitiu a entrada da modernidade numa terra adormecida.

Vista do Bairro da RARET destinado aos funcionários
(fotografia s/d, CFT003 072348.ic).

Os trabalhadores não-qualificados foram recrutados entre os habitantes da Glória, inicialmente contratados para construírem o centro emissor, após o que muitos integraram o quadro de pessoal, contribuindo desse modo para um aumento do rendimento disponível das famílias, acesso a cuidados médicos e outras regalias ausentes do dia-a-dia do trabalhador rural. Sem acesso à rede eléctrica, os glorianos vão dispor de luz eléctrica e dos confortos da vida moderna a partir do momento em que a Hidro Eléctrica do Alto Alentejo construiu o ramal eléctrico de abastecimento do centro emissor. O custo total foi de oito mil contos, totalmente suportado pela RARET. De igual modo, a Junta Autónoma de Estradas realizou as obras necessárias nas vias de acesso, tendo a RARET contribuído com quarenta por cento do total. Os responsáveis da companhia decidiram ainda intervir socialmente: contribuíram com fundos para obras na igreja matriz, construíram salas de aula e uma cantina escolar. Esta prática foi uma constante ao longo das quatro décadas seguintes, destacando-se em 1967 a construção da Escola Industrial da RARET e o Centro da Telescola.

Vista da torre da água e traseiras do edifício principal
(fotografia s/d, CFT003 072350.ic).

Outra consequência do início das emissões a partir de Portugal, revelada pelas autoridades polacas, foi a mobilização dos países socialistas contra as emissões de rádio ocidentais. O decreto do Conselho de Ministros da URSS de 24 Outubro de 1951 ordenou ao Ministério das Comunicações da URSS que prestasse todo o apoio possível às autoridades da Polónia, a fim de contrariar as emissões das rádios ocidentais dirigidas ao seu território. Destinou para o efeito doze emissores de onda curta, emitindo nas mesmas frequências utilizadas pela Radio Free Europe, de forma a gerar interferência e dificultar a escuta das emissões. Ao mesmo tempo, disponibilizou equipas técnicas soviéticas para, em colaboração com as autoridades polacas e dos demais países socialistas, elaborarem um «plano de defesa contra a propaganda hostil».[151]

Na rubrica dos proveitos tidos com a RARET, para além das rendas pagas ao Estado português, incluem-se outros proveitos directamente auferidos por empresas privadas, como a HEAA mencionada no parágrafo anterior. Esta companhia produtora de eletricidade tinha na RARET um grande cliente, conforme demonstra o quadro seguinte:

Anos/Milhares de Escudos	
1951	23
1952	1 393
1953	3 679
1954	6 679
1955	7 608
1956	7 657
1957	6 700
1958	6 579
1959	6 540
1960	6 661
1961	6 707
1962	6 734
1963	6 707
Total	73 667

Fonte: Arquivo Oliveira Salazar, AOS, CM-3, Cx. 59, capilha 3. Actividade da RARET.

O custo da energia eléctrica será um tema recorrente de queixa por parte da RARET, por comparação com os preços praticados a outros grandes consumidores nacionais, em média inferiores. Em exposição ao ministro da Economia, a 8 de Novembro de 1955, pelo presidente da administração da RARET, o general Peixoto e Cunha, foi abordado o tema do preço da energia eléctrica. Informava este responsável sobre

[151] «USSR Council of Ministers Decree Instituting Jamming of Anti-Polish Propaganda via Radio on Polish Territory», 24 de Outubro de 1951, History and Public Policy Program Digital Archive, State Archive of the Russian Federation, GARF, F. 5446, Op. 59, D. 1724, p. 12; http://digitalarchive.wilsoncenter.org/document/121543.

as verbas despendidas pela RARET entre 1951 e 1954 nos seguintes moldes:

a) Equipamento, instalações, terrenos e obras acessórias: 133 000 000$000;
b) Despesas de exploração e energia: 108 000 000$00;
c) Total: 241 000 000$00.

Acresce que no fim da concessão e de acordo com o contrato todo o equipamento e instalações ficariam a pertencer ao Estado português. A RARET empregava em 1955 um total de 504 funcionários: 475 portugueses, 21 nacionais da Europa Central e 8 americanos. Informa ainda o ministro sobre a massa salarial e encargos sociais, pagos aos funcionários no período entre 1951 e 1954:

a) 1951 (6 meses) ....3 823 553$00
b) 1952...13 512 790$00
c) 1953...17 951 755$00
d) 1954...20 086 061$00

A argumentação apresentada pelo general era reforçada pela especificidade do trabalho desenvolvido pela RARET, em prol da defesa do Ocidente. Neste contexto, a luta anti-comunista deveria ser levada em conta pelos responsáveis governamentais portugueses, na qual também estavam envolvidos, e nesse sentido proporcionarem melhores condições, ou seja, custos mais baixos.[152]

Em reforço da exposição do general Peixoto e Cunha foi remetido outro memorando a 27 Junho de 1956, desta vez endereçado pelo delegado do governo na RARET, o major Reymão Nogueira, ao chefe de gabinete do ministro das Comunicações. Dava novamente conta dos elevados custos suportados pela RARET com a energia eléctrica. Os argumentos resumiam-se a três pontos:

---

[152] Exposição do general Peixoto e Cunha, presidente Conselho Administração da RARET, ao ministro da Economia: preço da energia paga pela RARET, AOS/CO/CM-8, 8/11/1955.

a) O contexto de urgência sentido pelo National Committee for a Free Europe em dispor de instalações em Portugal no ano de 1951 e por esse facto ter aceitado as condições contractuais da HEAA.
b) A aquisição de novos e mais potentes emissores, na segunda metade dos anos 1950, elevou ainda mais o consumo de energia eléctrica, fazendo da RARET um dos grandes consumidores nacionais, a par com empresas como a Cimentos de Leiria, CUF, Cimentos Tejo, Secil ou a Siderurgia Nacional.
c) As condições especiais do exercício da actividade da RARET e o seu papel na defesa do Ocidente, contra a ameaça comunista, e por fim o modelo de financiamento, baseado em subscrições públicas realizadas nos EUA, bem como a natureza sem fins lucrativos perseguida pela RARET.[153]

As condições solicitadas foram atempadamente aceites pela HEAA, mediante pressão governativa, podendo a RARET dispor de preçário eléctrico mais favorável daí em diante.

Outra perspectiva interessante pode ser a que é fornecida pelo advogado da RARET, Tito Arantes, na correspondência que mantém com Oliveira Salazar. Em carta de 26 de Abril de 1955 informa Salazar da presença em Portugal de H. Gregory Thomas, a fim de participar da Assembleia Geral anual da RARET nos seguintes moldes: «aquele americano que fundou a RARET, da qual sou advogado, como V. Ex.ª deve lembrar-se, pois foi devido a uma indicação de V. Ex.ª que tal sucedeu». A carta destinava-se a solicitar a Salazar a concessão de audiência para apresentação cumprimentos ao presidente do Conselho, prática corrente nas deslocações a Lisboa e anteriormente assegurada por Ricardo Espírito Santo junto de Salazar. Termina concluindo com a seguinte apreciação, que era graças a H. Gregory Thomas «que os americanos tenham gasto suculentos dólares em Portugal».[154]

---

153 Arquivo Oliveira Salazar, ANTT, RARET: Custo da Energia Eléctrica, AOS/CO/CM-4, pp. 277- 281.

154 Arquivo Oliveira Salazar, ANTT, Correspondência de Tito Arantes para Oliveira Salazar de 26.04.1955. PT/TT/AOS/E/0013/00020. AOS/CP-013, cx. 870, pp. 172-173.

Novamente, em Abril de 1957, outra carta solicitando audiência a Salazar para receber H. Gregory Thomas. Tito Arantes aproveita para informar a Salazar sobre as verbas despendidas pelos americanos em Portugal, bem como sobre os vencimentos dos responsáveis portugueses da RARET: até 31 de Dezembro de 1956 os gastos americanos com a RARET foram na ordem dos 327 333 contos, equivalente a 11 445 240 de dólares, destes, 7 303 000 dólares foram gastos directamente em Portugal; dos 4 141 000 dólares restantes e gastos na América, vieram para Portugal 94 883 contos, que foram incorporados no activo da RARET e mais tarde reverteram para o Estado.[155] Até meados dos anos 1960, Tito Arantes solicitou audiências ao presidente do Conselho para receber H. Gregory Thomas, por ocasião da sua vinda a Portugal para participar na Assembleia Geral da RARET.

Anualmente, a Assembleia Geral da RARET apresentava os relatórios de contas da sociedade, onde constava toda a actividade desenvolvida. Neles encontramos informação sobre a expansão das actividades de radiodifusão: aumento do número de emissores e sua potência; informação financeira sobre custos da operação em Portugal; quem foram os principais quadros e responsáveis entre 1951 e 1967; a contratação de pessoal e remunerações; o apoio social prestado à população da Glória do Ribatejo. Até ao ano de 1967 Salazar recebeu todos os Relatórios e Contas da RARET, enviados pelo presidente do Conselho de Administração, general Peixoto e Cunha, e actualmente depositados no Arquivo Oliveira Salazar na Torre do Tombo.

Durante a primeira década de actividade da Radio Free Europe, a RARET constitui-se como uma montra que espelhava bem os esforços desenvolvidos pelos EUA no combate anti-comunista na Europa e do apoio das autoridades portuguesas nessa luta comum. Anualmente, as instalações da Glória receberam visitas dos membros da Cruzada pela Liberdade em deslocação à Europa, bem como de militares estrangeiros em serviço na NATO.[156] Do mesmo modo, os engenheiros portugueses

---

[155] Arquivo Oliveira Salazar, ANTT, Correspondência de Tito Arantes para Oliveira Salazar, carta de 01.04.1957. PT/TT/AOS/E/0013/00020. AOS/CP-013, cx. 870, pp. 176-177.

[156] Entrevista realizada pelo autor ao Eng. Aleixo Fernandes, gravação captada em Lisboa a 13.12.2017.

em serviço organizaram em conjunto com o Instituo Superior Técnico (IST) um ciclo regular de visitas de estudos, por norma no final do ano lectivo, proporcionando aos alunos dos cursos de engenharia do IST deslocações às instalações da Glória para poderem ver *in loco* aquilo que aprendiam nas aulas. Alguns desses alunos tornaram-se posteriormente funcionários da RARET.[157]

A primeira década da Radio Free Europe em Portugal ficou ainda marcada pelo constante aumento da capacidade instalada, quanto à potência dos seus emissores, da duplicação de pessoal português contratado, ao mesmo tempo que os responsáveis norte-americanos atribuíam importância crescente às facilidades obtidas em Portugal, caracterizando-as como a pedra angular, ou ainda, como a espinha dorsal do sistema de radiodifusão da RFE, contribuindo de forma inexcedível para os objectivos dos EUA, no que respeitava ao combate anti-comunista nos países da Cortina de Ferro. Nas palavras do presidente da Radio Free Europe, John Richardson Jr., a RARET era «uma parte indispensável do conjunto das actividades da RFE [...] [o que] nunca teria sido possível se não fosse a confiança que os nossos colegas portugueses depositaram na causa comum». Manifestando-se «orgulhoso da RARET», retoma a ideia de êxito da iniciativa protagonizada pelo Free Europe Committee/Radio Free Europe, para a qual contribuiu a feliz associação entre dois países, Portugal e EUA. Termina fazendo votos que «esta associação perdure por muitos anos».[158]

Contudo, a década de 1960 traria novas ameaças e desafios, colocando em causa a associação entre as autoridades portuguesas e o Free Europe Committee, ameaçando assim a presença da Radio Free Europe em Portugal e a manutenção dos emissores da RARET na Glória do Ribatejo.

---

[157] Entrevista realizada pelo autor ao Eng. Filipe Ventura, gravação captada na Glória do Ribatejo a 08.12.2017.

[158] Arquivo Oliveira Salazar, AOS-ANTT Arquivo Salazar, CM-3, Cx. 59, capilha 3. Actividade da RARET – Sociedade Anónima de Rádioretransmissão, memorando enviado ao Free Europe Committee, em 1962, pelo presidente da RFE, John Richardson Jr.

A Renegociação do contrato: a angústia americana, 1961-1963

A adesão de Portugal à ONU, em 1955, marcou o retorno da diplomacia portuguesa aos grandes palcos internacionais e ao multilateralismo. A política externa portuguesa enfrentou novos desafios, decorrentes do surto independentista e nacionalista que soprou da Ásia em direcção a África, durante as décadas de 50 e 60 do século XX. Inicialmente questionadas pela Assembleia-Geral da ONU, ao abrigo do artigo 73.º da Carta das Nações Unidas, instadas a revelar quais os territórios não autónomos sob administração portuguesa e confrontadas posteriormente, após a adesão em 1960 dos novos países africanos à ONU, no que ficou conhecido como o «Ano de África», as autoridades portuguesas sentiram a erosão nas relações diplomáticas com estados amigos e aliados. A crítica e o juízo internacionais às posições intransigentes assumidas pelo governo de Lisboa ficaram espelhados nas resoluções da Assembleia Geral da ONU n.os 1514 e 1542.

Outro marco importante que condicionaria as relações diplomáticas e a política externa portuguesa foi a eleição de John F. Kennedy para a presidência dos EUA, na medida em que as posições anti-coloniais e democratizantes, defendidas e assumidas pelo novo presidente, não tinham ressonância no governo de Lisboa, muito pelo contrário – o clima era de paz fria entre Lisboa e Washington. As consequências para a manutenção das emissões da RFE/RARET, difundidas a partir de Portugal para os países da Cortina de Ferro, não se fizeram esperar.

Neste subcapítulo abordamos a fase de negociações para renovação do contrato de concessão entre as autoridades portuguesas e os responsáveis norte-americanos. O contrato assinado em 1951 tinha a validade de dez anos, pelo que a renovação ocorreria em 1961. A documentação do Ministério das Comunicações e da Presidência do Conselho de Ministros sobre a RARET permite formular uma ideia acerca do destino a dar às instalações e equipamentos, por parte dos responsáveis portugueses, findo o contrato inicial, conforme referido anteriormente.

Em carta enviada ao ministro das Comunicações, a 27 de Agosto de 1955, Carlos Ribeiro, director adjunto dos CTT, aborda o tema da localização do centro receptor da Maxoqueira, face à necessidade de mudança e ampliação do mesmo nos termos do contrato de concessão, por virtude dos desenvolvimentos técnicos entretanto ocorridos. Neste sentido, informa o ministro: «afigura-se-me não haver vantagem para o Estado em recorrer a terrenos do seu património» para instalar o novo centro. Segundo este responsável, «quando o Estado entrar na posse das instalações, certamente não as utilizará para efectuar o serviço que actualmente desempenham». Acrescentando ainda «que o que mais deve interessar o Estado é o material que se encontre nessas instalações», para «emprego em condições diferentes e locais dispersos».[159]

Em nova carta, desta vez dirigida ao secretário do ministro da Presidência, a 10 de Janeiro de 1956, pelo mesmo responsável dos CTT, é novamente abordada a questão dos terrenos e instalações. Solicita-se o conhecimento prévio sobre a posição a assumir por parte do governo, findo o prazo de concessão nos seguintes termos: «conviria esclarecer previamente em que medida e para que fins os Serviços do Estado [Emissora Nacional e/ou Forças Armadas] [...] virão a aproveitar as instalações em causa».[160] A 4 de Fevereiro de 1956 é a vez da Presidência do Conselho, através do gabinete do ministro, dar conhecimento ao titular da pasta das Comunicações dos esclarecimentos prestados pela Emissora Nacional e do interesse manifestado pela posse dos terrenos findo o contrato de concessão.[161] Por último, chamamos a atenção para a disputa verificada nos serviços do Estado para dispor das instalações da RARET uma vez findo o contrato. A 28 de Fevereiro de 1956, o director dos CTT, Carlos Ribeiro, comunica ao ministro das Comunicações o interesse destes numa futura partilha

[159] Arquivo Histórico da FCP – Administração Geral dos CTT – Secretaria Expediente Geral, Pasta 1, Processo 4999. Carta enviada ao ministro das Comunicações pela AGCTT, em 27.11.1955.

[160] Arquivo Histórico da FCP – Administração Geral dos CTT – Secretaria Expediente Geral, Pasta 1, Processo 4999, pedido de esclarecimento elaborado pelo director adjunto CTT e enviado ao secretário do ministro da Presidência em 10.01.1956.

[161] Arquivo Histórico da FCP – Administração Geral dos CTT – Secretaria Expediente Geral, Pasta 1, Processo 4999, carta do gabinete do ministro da Presidência a informar o ministro das Comunicações sobre o interesse da Emissora Nacional nos activos da RARET, datada de 02.02.1956.

das instalações, não reconhecendo a Emissora Nacional como único usufrutuário de tão vasto e rico património.[162]

A 8 de Março de 1956, o ministro das Comunicações, Gomes de Araújo, emite um despacho onde determina: «o caso RARET deverá, por sua vez, ser tratado em reunião mista de representantes dos ministérios a quem, finda a concessão, poderá interessar o seu material.»[163]

Face ao exposto é possível retirar algumas conclusões acerca do pensamento dos responsáveis portugueses, uma vez finda a concessão: os equipamentos da RARET tinham interesse e valor para vários serviços do Estado português, fossem eles a Emissora Nacional, os CTT ou as Forças Armadas. A ideia inicial, tanto de norte-americanos como de portugueses, em 1951, é de que uma década bastaria para fazer colapsar a influência da URSS sobre os países da Cortina de Ferro, não havendo necessidade de prolongar a concessão. Neste ponto, os testemunhos de Roberto E. Lang, H. Gregory Thomas e Manuel Bívar já davam conta desta ideia.[164] Por último, ficamos a saber que o tema RARET era tratado ao mais alto nível pelas autoridades portuguesas, nas quais se inclui o presidente do Conselho, Oliveira Salazar.

A revolta húngara, ocorrida em 1956, e a consequente invasão soviética desse país contrariaram as disposições inicialmente previstas pelos responsáveis do Free Europe Committee e pelo governo português. Outro acontecimento com potencial de conflito entre os EUA e a URSS ocorreu em Agosto de 1961, quando as autoridades da República Democrática da Alemanha ergueram a separação física na cidade de Berlim – o Muro de Berlim –, materializando a divisão

---

[162] Arquivo Histórico da FCP – Administração Geral dos CTT – Secretaria Expediente Geral, Pasta 1, Processo 4999, carta da AGCTT para o ministro das Comunicações reiterando o interesse dos CTT nas instalações da RARET, datada de 28.02.1956.

[163] Arquivo Histórico da FCP – Administração Geral dos CTT – Secretaria Expediente Geral, Pasta 1, Processo 4999, despacho do ministro das Comunicações, datado de 08.03.1956.

[164] H. Gregory Thomas, gravação de 12 de Maio de 1981, Sig Mickelson papers, Box 22. Robert E. Lang, gravação de 31 de Maio de 1981, Sig Mickelson papers, Box 22; Manuel Bívar, gravação de 30 de Maio de 1981, Sig Mickelson papers, Box 22, Stanford University-Hoover Institution Archives.

entre oriente e ocidente. Tais acontecimentos reforçaram o papel e a necessidade de manter a RARET ao serviço da «guerra hertziana» em curso. A perceção das autoridades portuguesas sobre estes acontecimentos é a de que são uma oportunidade para exercer pressão sobre os norte-americanos, no momento em que estes mais necessitam do apoio português para a manutenção dos emissores.

Os bastidores do processo negocial entre os responsáveis do Free Europe Committee/Radio Free Europe e as autoridades portuguesas são revelados num conjunto de quinze telegramas que permitem conhecer os bastidores da negociação entre portugueses e norte-americanos. O primeiro data de 19 de Junho de 1961 e o último de 21 de Maio de 1963. Todos os telegramas obtiveram à data uma classificação de segurança entre «confidencial», «secreto» e «eyes only». Não foi possível encontrar documentação portuguesa para o mesmo período que espelhasse o pensamento das autoridades portuguesas durante as negociações. Porém, tal pode ser encontrado, de forma indirecta, nos comentários e afirmações proferidas pelos norte-americanos. Neste intervalo temporal, os responsáveis do Free Europe Committee/Radio Free Europe oscilaram entre a angústia inicial e o alívio final, perante a certeza de um processo negocial aparentemente sem surpresas, mas que no essencial dependia de Oliveira Salazar, cuja mundividência diferia cada vez mais da dos norte-americanos, reflectindo o afastamento crescente entre os governos de Lisboa e Washington durante a era Kennedy.

A 19 de Julho de 1961, os responsáveis da Free Europe Committee/Radio Free Europe reunidos em Munique elaboram um ponto de situação sobre as relações com o governo de Portugal e as previsões para a manutenção da RARET, as quais classificam de favoráveis, apesar de não existir uma decisão final sobre a renovação do contrato, cujo prazo terminaria em finais de 1961. Preocupados com os acontecimentos em Angola e o posicionamento crítico da ONU face a Portugal, demonstram total compreensão pelo posicionamento português, ao mesmo tempo que alertam para o sentir das autoridades portuguesas nesta matéria, sendo estas avessas a críticas e intromissões estrangeiras. Porém, a lealdade demonstrada ao nível da NATO e a defesa da causa comum de combate ao comunismo, seriam argumentos suficientes para manter a parceria da RARET no entender dos norte-americanos. Advertem, porém, que a perda da RARET acarretaria a paragem de toda a operação da Radio Free Europe, por isso favorecem um tratamento objectivo e factual de todo a informação directamente relacionada com Portugal, e especialmente com Angola, tema sobre o qual se deve excluir a difusão de notícias não oficiais ou desfavoráveis, assim como críticas ao regime e a Salazar.[165]

A 30 de Agosto de 1961, em telegrama para Munique, o presidente do Free Europe Committee comunica que, após permanência de três dias em Portugal, onde reuniu com administradores da RARET, Manuel Bívar e Tomás Pinto Basto, tudo parece bem encaminhado para a renovação contratual, opinião corroborada pelos portugueses. A correspondência com o ministro das Comunicações vai no mesmo sentido, tendo sido fornecidos elementos contabilísticos e fiscais sobre a operação em Portugal, entre 1951 e 1957, destacando nesta informação as somas despendidas pelo Free Europe Committee (12 250 000 dólares), o volume da massa salarial (18 milhões de escudos) e o universo de trabalhadores da RARET (450 pessoas), como argumentos favoráveis à renovação.[166]

---

[165] MUN-85, July Crypto Message, 19 de Julho de 1961. [Electronic record] HU OSA 298-1-2-43-2404; Free Europe Committee: President's Office; Open Society Archives, Central European University, Budapest; http://hdl.handle.net/10891/osa:eb3e6454-98b0-4506-879e-5021301a83f0, consultado em 03.01.2019.

[166] MUN-179, 30 de Agosto de 1961. HU OSA 298-1-2-43-1771; [Electronic record] Free Europe Committee: President's Office: Open Society Archives at Central European University, Budapest; http://hdl.handle.net/10891/osa:0657b216-b8d2-4997-8520-00646ef751dd, consultado em 03.01.2019.

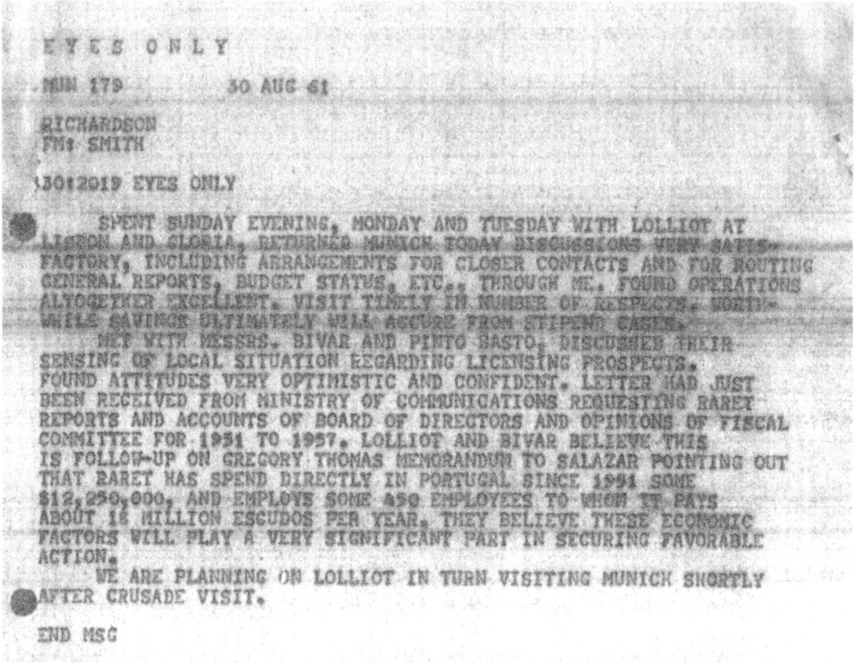

EYES ONLY

MUN 179 30 AUG 61

RICHARDSON
FM: SMITH

3012019 EYES ONLY

SPENT SUNDAY EVENING, MONDAY AND TUESDAY WITH LOLLIOT AT LISBON AND GLORIA, RETURNED MUNICH TODAY DISCUSSIONS VERY SATISFACTORY, INCLUDING ARRANGEMENTS FOR CLOSER CONTACTS AND FOR ROUTING GENERAL REPORTS, BUDGET STATUS, ETC., THROUGH ME. FOUND OPERATIONS ALTOGETHER EXCELLENT. VISIT TIMELY IN NUMBER OF RESPECTS. WORTHWHILE SAVINGS ULTIMATELY WILL ACCRUE FROM STIPEND CASES.

MET WITH MESSRS. BIVAR AND PINTO BASTO, DISCUSSED THEIR SENSING OF LOCAL SITUATION REGARDING LICENSING PROSPECTS. FOUND ATTITUDES VERY OPTIMISTIC AND CONFIDENT. LETTER HAD JUST BEEN RECEIVED FROM MINISTRY OF COMMUNICATIONS REQUESTING RARET REPORTS AND ACCOUNTS OF BOARD OF DIRECTORS AND OPINIONS OF FISCAL COMMITTEE FOR 1951 TO 1957. LOLLIOT AND BIVAR BELIEVE THIS IS FOLLOW-UP ON GREGORY THOMAS MEMORANDUM TO SALAZAR POINTING OUT THAT RARET HAS SPEND DIRECTLY IN PORTUGAL SINCE 1951 SOME $12,250,000, AND EMPLOYS SOME 450 EMPLOYEES TO WHOM IT PAYS ABOUT 18 MILLION ESCUDOS PER YEAR. THEY BELIEVE THESE ECONOMIC FACTORS WILL PLAY A VERY SIGNIFICANT PART IN SECURING FAVORABLE ACTION.

WE ARE PLANNING ON LOLLIOT IN TURN VISITING MUNICH SHORTLY AFTER CRUSADE VISIT.

END MSG

Excerto de um telegrama de Agosto de 1961, por ocasião dos preparativos para a renegociação contratual entre a RARET e o governo português. Faz alusão aos montantes investidos em Portugal ao longo da primeira década de retransmissão.

O planeamento orçamental para o ano de 1962 dá conta de um investimento em quatro novos emissores de 250 kW a instalar na Glória, totalizando 1 750 000 dólares, prevendo-se ainda um investimento adicional na ampliação do parque de antenas, orçado em 175 mil dólares, de forma a aumentar a potência e aproveitar as condições naturais de propagação existentes. Em gastos com os vencimentos dos funcionários portugueses orçamentaram-se mais 150 mil dólares, tendo em conta o aumento do custo de vida e as futuras negociações a ocorrer no final do ano. Quanto aos equipamentos de comunicações e outros melhoramentos de equipamento, orçamentavam-se 40 mil dólares. No total, o volume de investimentos na RARET orçava 1 980 000 dólares para o ano de 1962.[167]

---

[167] MUN-34, 6 de Outubro de 1961. HU OSA 298-1-2-43-1980; [Electronic Records] FEC: President's Office: OSA at Central European University, Budapest;

As perspectivas do Free Europe Committee/Radio Free Europe face à renovação da concessão eram optimistas, tendo em conta as conclusões dos vários responsáveis portugueses e norte-americanos; no mesmo sentido apontava o orçamento para o ano de 1962, que previa investimentos avultados. A reunião de direcção de 15 de Dezembro de 1961, onde seria debatida a questão da renegociação do contrato de concessão, trouxe a surpresa que ninguém esperava. Perante o Conselho de Administração, o delegado do governo e representante do Ministério das Comunicações, major Reymão Nogueira, declarou o seguinte: «Considerando os problemas pelos quais o governo deste país tem passado em consequência da controvérsia internacional contra ele levantada, por inimigos, e, infortunadamente, por amigos e aliados, e não tendo sido possível a Sua Excelência, o ministro das Comunicações fornecer uma solução definitiva para a RARET, propõe-se uma extensão de seis meses ao contrato inicialmente assinado, entre o governo português e a RARET.»[168] A reunião em causa antecedeu em quatro dias a operação militar da União Indiana, Operação Vijay, sobre o Estado Português da Índia.

Todos os membros do Conselho de Administração foram colhidos de surpresas perante as declarações do delegado do governo. A informação de Reymão Nogueira era de certa forma contraditória, na medida em que o administrador H. Gregory Thomas se reunira dias antes com o ministro Costa Leite e tinha recebido garantias de renovação do contrato. A prorrogação do prazo teria sido decidida entre o delegado do governo, major Reymão Nogueira, e o ministro das Comunicações, general Gomes de Araújo, era a convicção dos norte-americanos. No entanto, H. Gregory Thomas contava com a boa vontade e os esforços de Costa Leite para, junto de Salazar, obter uma revisão da decisão e o cabal esclarecimento do caso da RARET. Este responsável reflecte, contudo, que a posição do governo português

http://hdl.handle.net/10891/osa:875c5175-62fb-42c7-a40d-4a7162e9afca, consultado em 03.01.2019.

[168] MUN-75, 18 de Dezembro de 1961. HU OSA 298-1-2-43-2400; [Electronic Records] FEC: President's Office: OSA at Central European University, Budapest; http://hdl.handle.net/10891/osa:b9eda108-38c9-48be-86a7-afe0b7226177, consultado em 03.01.2019.

estaria de alguma forma influenciada pelo posicionamento do governo dos EUA face à situação de Goa, que dela dependeria para o bom encaminhamento de todo o processo.[169]

Em novo telegrama, de 19 de Dezembro de 1961, o administrador Henry Lolliot, comunica a Munique a nova oferta das autoridades portuguesas de extensão do prazo para dozes meses. De um dia para o outro, os responsáveis do Free Europe Committee/Radio Free Europe foram confrontados com a possibilidade de terem de procurar uma localização alternativa, arriscando-se a interromper as emissões durante o período de maior tensão da Guerra Fria. Entre os norte-americanos, o sentimento é de desânimo e elevada preocupação. Entendem a posição portuguesa à luz do conflito político entre Lisboa e Washington, mas temem pelo futuro das emissões. A oferta portuguesa de prorrogação por doze meses mantém-se em aberto e, a 26 de Dezembro, Lolliot requer a Munique instruções urgentes sobre a resposta a dar ao ministro das Comunicações. Em Munique, a preocupação é ganhar tempo, por isso aceitam a prorrogação por doze meses.[170] A 28 de Dezembro, os responsáveis da RARET reúnem-se com o ministro Gomes Araújo, dando início às negociações de renovação do contrato, envoltos numa atmosfera amigável e num espírito de cooperação mútuo. Acrescenta-se ainda a informação que a prorrogação por doze meses terá sido sugerida por Salazar.[171]

Porém, na opinião do presidente da Radio Free Europe, John Richardson Jr., o reatar de negociações em nada diminuiu o sentimento de angústia, ao qual acresce a incompreensão das motivações

---

[169] MUN-75, 18 de Dezembro de 1961. HU OSA 298-1-2-43-2400; [Electronic Records] President's Office: FEC New York and RFE Munich; OSA at Central European University, Budapest; http://hdl.handle.net/10891/osa:b9eda108-38c9-48be-86a7-afe0b7226177, consultado em 03.01.2019.

[170] MUN-109, 26 de Dezembro de 1961. HU OSA 298-1-2-43-2437; [Electronic Records]: President's Office: FEC New York and RFE Munich; OSA at Central European University, Budapest; http://hdl.handle.net/10891/osa:649f7aed-399a-43ef-8630-3adc10e9603d, consultado em 03.01.2019.

[171] MUN-113, 28 de Dezembro de 1961. HU OSA 298-1-2-43-2441; [Electronic Records] President's Office: FEC New York and RFE Munich; OSA at Central European University, Budapest; http://hdl.handle.net/10891/osa:109e3b76-2087-4125-8d67-084602ac86dd, consultado em 03.01.2019.

das autoridades portuguesas. Neste sentido, dá instruções à estrutura da RFE para procurar uma localização alternativa à Glória, ao mesmo tempo que retoma as renegociações. Várias alternativas são estudadas: Espanha, Ilhas Baleares, Irlanda, sudoeste de França, Ilhas Canárias e, como último recurso, Porto Rico. Consideram ainda as localizações de Marrocos, Tanger e Argélia, contudo demasiado instáveis para os fins em vista. O plano de expansão da Glória previa a compra de quatro novos emissores de 250 kW e o aumento das cortinas de antenas; todos estes equipamentos recebem prioridade de aquisição, uma vez que, no caso de encerramento da Glória, teriam de dispor destes equipamentos de imediato para instalar na nova localização. A aquisição e instalação de novo retransmissor em espaço europeu é estimada em cerca de dez milhões de dólares e, caso a opção fosse Porto Rico, ou outra localização no hemisfério ocidental, mas fora da Europa, seria o dobro. Finalmente reconhece-se a incapacidade em continuar com a operação da Radio Free Europe suportada unicamente nos emissores localizados em solo alemão.[172]

As retransmissões a partir da Glória prosseguem sem alterações ou quebras, o número de horas anual mantém-se constante em torno das 7400, ou seja, 308 dias de emissão por ano atingem os países da Cortina de Ferro.

As negociações em Lisboa entre os responsáveis da RARET e as autoridades portuguesas, prosseguem num clima amigável. A 9 de Junho de 1962, H. Gregory Thomas informa John Richardson Jr. que o tão desejado acordo de longo prazo encontra-se em suspenso, muito por conta da postura e atitudes hostis dirigidas pelo governo norte-americano ao governo português. Porém, está convencido de que a operação da RARET não será prejudicada e que rapidamente haverá um acordo de cavalheiros que permitirá prosseguir o plano de expansão dos emissores da Glória, não sendo aconselhável no momento presente insistir na assinatura de contrato de longa duração. Este foi o resumo

---

172 MUN-118, 29 de Dezembro de 1961. HU OSA 298-1-2-43-2446; [Electronic Records]: FEC New York and RFE Munich; OSA at Central European University, Budapest; http://hdl.handle.net/10891/osa:3eb133bd-33c5-4601-8d5c-7b3c6d388918, consultado em 03.01.2019.

da conversa de H. Gregory Thomas com Oliveira Salazar e reportada aos responsáveis da Radio Free Europe em Nova Iorque e Munique. [173]

Em Junho de 1962 foi enviado a Lisboa o secretário de Estado dos EUA Dean Rusk, em representação do presidente Kennedy. A visita tinha como objectivo discutir a questão colonial portuguesa e os apoios dos EUA ao regime português, bem como o acordo das Lajes. A visita foi acompanhada com natural interesse pelos responsáveis do Free Europe Committee/Radio Free Europe – para além do acordo das Lajes, também o acordo da RARET estava em aberto.[174]

A intervenção de H. Gregory Thomas no processo de renegociação possibilitou o desbloquear de uma situação complexa, fruto da nova realidade diplomática e da política externa, vivida entre os governos de Portugal e dos EUA. Os termos do acordo de cavalheiros garantiam, no imediato, a manutenção temporária das emissões, ao mesmo tempo que abriam espaço negocial para encontrar, a prazo, novas condições em moldes mais satisfatórios e definitivos, sem colocar em causa a principal missão da Radio Free Europe num dos momentos de maior tensão da Guerra Fria. Para tal poderá ter contribuído o clima de entendimento e cordialidade desenvolvido e cultivado entre Salazar e H. Gregory Thomas, ao longo da década anterior, no sentido de desbloquear uma situação potencialmente ameaçadora para a actividade da RARET e para a aliança anti-comunista entre Portugal e os EUA.[175]

A aparente tranquilidade apenas garante a manutenção das instalações e das emissões nos termos do acordo de 1951. Ao longo do ano de 1962, os responsáveis do Free Europe Committee continuam a

---

[173] MUN-88, 9 de Junho de 1962. HU OSA 298-1-2-44-0888; [Electronic Records]: FEC New York and RFE Munich; OSA at Central European University, Budapest; http://hdl.handle.net/10891/osa:07821998-6446-493a-aca5-6a03b94526a3, consultado em 03.01.2019.

[174] MUN-94, 19 de Julho de 1962. HU OSA 298-1-2-44-1153; [Electronic Records]; FEC New York and RFE Munich; OSA at Central European University, Budapest; http://hdl.handle.net/10891/osa:bbe56040-b40d-4f8d-ad93-993869c9f94d, consultado em 14.01.2019.

[175] H. Gregory Thomas, gravação de 12 de Maio de 1981, Sig Mickelson papers, Box 22, Stanford University-Hoover Institution Archives.

elaborar estudos sobre uma nova localização, caso o acordo de longo prazo não se materialize.

As renegociações conhecem novos desenvolvimentos a partir de Janeiro de 1963. Após duas extensões de prazo, os responsáveis do Free Europe Committee enviam ao cuidado das autoridades portuguesas uma proposta de renovação contratual. Nesta proposta, ficou bem patente a necessidade expressa pelos responsáveis do FEC em aumentar e expandir as instalações da Glória. Novos emissores e mais antenas serão adquiridos após a renovação do acordo.[176] Os contactos com as autoridades portuguesas foram frutuosos. Em telegrama de 9 de Abril de 1963, um quadro do Free Europe Committee expressa o entendimento sobre o processo, dizendo: «Não estou muito preocupado com as negociações, uma vez que todos os responsáveis e pessoas envolvidas em Portugal conhecem bem as nossas intenções.»[177]

Nos primeiros meses de 1963, as partes estabelecem o entendimento necessário à renovação da concessão e dão passos firmes para assinar novo acordo por dez anos. Finalmente, em telegrama de 30 de Abril de 1963, John Richardson Jr. comunica a assinatura de novo acordo entre os responsáveis do Free Europe Committee e as autoridades portuguesas, concedendo à RARAET a tão desejada licença de concessão por mais dez anos. O novo acordo mantém a entrega dos terrenos e equipamento ao governo português finda a concessão, estipula os novos valores da renda anual a pagar e permite a tão desejada expansão do centro emissor da Glória.

O governo português utilizou a posição geoestratégica de Portugal, tanto no domínio militar como comunicacional, em momentos críticos e decisivos para a paz mundial. A prorrogação do contrato da RARET é em todo semelhante ao processo de renovação dos acordos militares

---

[176] NYC-76, 17 de Janeiro de 1963. HU OSA 298-1-2-36-0078; [Electronic Records]: FEC New York and RFE Munich; OSA at Central European University, Budapest; http://hdl.handle.net/10891/osa:48cf6864-a131-42b6-9f33-3e6f16cce206, consultado em 14.01.2019.

[177] MUN-87, 10 de Abril de1963. HU OSA 298-1-2-45-0110; [Electronic Records]; FEC New York and RFE Munich; OSA at Central European University, Budapest; http://hdl.handle.net/10891/osa:b9b5ad57-15b0-49ef-b625-8f0c37082adc, consultado em 14.01.2019.

e de defesa com EUA sobre os Açores, pressionando a administração norte-americana e utilizando os mecanismos de pressão ao seu dispor, de modo a reafirmar a sua independência na condução das políticas internas. A intenção das autoridades portuguesas seria a de deixar os responsáveis dos EUA numa posição de nervosismo, obrigando-os a uma constante negociação num momento crítico e decisivo para a paz mundial.

Os responsáveis do Free Europe Committee advertem que não haverá comunicação pública do novo acordo, pelo menos no imediato. O relevo e a importância de atingir um patamar de estabilidade nas operações da RARET tiveram de ser celebrados intramuros. Supomos que esta atitude de resguardo terá sido a pedido das autoridades portuguesas, uma vez que em telegrama de 30 de Maio de 1963 os responsáveis do Free Europe Committee dão a conhecer que irão efectuar uma conferência e impressa em Nova Iorque para anunciar o novo acordo. Porém, referem a importância de consultar as autoridades portuguesas sobre os termos do anúncio, de forma a não afectar as relações luso-americanas.[178]

[178] MUN-1 May Crypto Message, 21 de Maio de 1963. HU OSA 298-1-2-45-0328; [Electronic Records]: FEC New York and RFE Munich; OSA at Central European University, Budapest; http://hdl.handle.net/10891/osa:29f6a7aa-dfcf-485e-ae9f-274aa7d680ee, consultado em 19.01.2019.

Conclusão

A procura por uma localização alternativa e complementar aos emissores da Radio Free Europe, instalados na Alemanha, foi objecto de preocupação constante para os responsáveis do National Committee for a Free Europe, desde as primeiras emissões em 1950.

Por um lado, a proximidade face aos alvos – os países da Cortina de Ferro – não permitia um uso conveniente do meio radiofónico, na escala e potência desejadas, limitando as emissões à utilização de onda média e, nalguns casos, de onda curta, mas sempre sujeitas à interferência dos emissores dos países socialista.

Por outro lado, a proximidade das forças soviéticas colocava questões de segurança das próprias instalações, em caso de conflito militar. Uma localização alternativa e complementar teria de ser encontrada, a qual permitisse ultrapassar as condicionantes identificadas e que, ao mesmo tempo, garantisse uma operação radiofónica em linha com as propostas expostas na «Political Warfare» norte-americana. Em detrimento de outras opções, a escolha recaiu sobre o território português, que reunia todas as condições do caderno de encargos elaborado pelos responsáveis do National Committee for a Free Europe.

Contrariamente a outros processos de integração, na esfera de influência norte-americana, celebrados pelas autoridades portuguesas – a celebração de acordos militares com os EUA, o Economic Recovery

Plan (Plano Marshall) ou aos programas de bolsa Fullbright, que foram encarados com desconfiança e suspeição por parte das autoridades portuguesas –, a adesão ao National Committee for a Free Europe foi rápida e sem controvérsia. A exposição do embaixador dos EUA a Oliveira Salazar e a posterior negociação encetada por H. Gregory Thomas em muito aceleraram a tomada de decisão. A própria natureza da iniciativa, ou seja, o combate ao expansionismo soviético e à ideologia comunista nos países da Cortina de Ferro, terá contribuído para a rapidez da decisão, que dialogava de forma directa com as posições assumidas pelo regime do Estado Novo sobre o movimento comunista internacional, tido como uma ameaça global. Perante este quadro poderemos afirmar que a participação portuguesa revestiu-se de um espírito de «cruzada» pelo que considerava ser a defesa da civilização cristã e ocidental.

Ao mesmo tempo, a possibilidade outorgada pelo convite dos EUA conferia às autoridades portuguesas uma legitimidade «democrática» extra, contribuindo para reforçar o papel de Portugal junto do novo aliado. Receber um convite com estas características, no contexto da Guerra Fria, afigurou-se como uma proposta irrecusável, por tudo o que proporcionava.

A primeira razão para a escolha do território português baseou-se em critérios de ordem técnica e de segurança. A estes associaram-se outros, como o facto de ser um país aliado, possuir bons acessos aeronavais, gozar de segurança interna e tranquilidade política, proporcionadas por um governo cuja política garantiria a permanência em território nacional de uma emissora de rádio com as características da Radio Free Europe.

A contribuição portuguesa e o seu envolvimento revelaram-se de muitas maneiras. Desde logo constituiu-se uma empresa portuguesa – a RARET –, que funcionava como filial da Radio Free Europe em Portugal. A maioria do capital era detida por portugueses, com a correspondente representatividade nos órgãos sociais da empresa, cabendo o restante aos norte-americanos. Embora toda a operação fosse financiada pelos EUA, via fundos da CIA e da angariação pública efectuada pela Crusade for Freedom, a administração, quadros técnicos e demais funcionários eram portugueses. A emissora portuguesa – Emissora

Nacional – foi contactada no sentido de fornecer os meios técnicos e humanos para a instalação da nova estação. Alguns dos seus membros vieram a fazer parte da nova estrutura, como foi o caso do Eng. Manuel Bívar e do Eng. Henrique Leote. Também figuras ligadas ao regime do Estado Novo entraram para a administração e aí se mantiveram até 25 de Abril de 1974, como foi o caso do general Peixoto e Cunha, de António Quadros Ferro, de Tito Arantes, ou dos irmãos Pinto Basto.

O acordo inicial previa o pagamento de rendas ao Estado português, para além de direitos aduaneiros, por importação de equipamentos e transferências de capitais para financiamento da operação a partir de Portugal. O acordo previa ainda a cedência das instalações e equipamentos às autoridades portuguesas uma vez finda a operação, o que ocorreria em 1961. Porém, a crescente tensão entre EUA e URSS, ao longo da década de 1950, valorizou crescentemente aos olhos dos americanos os emissores da RARET. Em meados dos anos 1950 discutia-se no seio do governo português o uso futuro das instalações da RARET, conforme dão nota as várias circulares e pedidos de informação depositados no Arquivo da Defesa Nacional. A título de proveitos directos e indirectos para o Estado português, provenientes da presença da Radio Free Europe nos primeiros doze anos, terão sido recebidos cerca de trinta e cinco milhões de dólares.

A operação da RARET foi sempre conduzida por quadros, técnicos e operários portugueses, que surpreenderam positivamente os responsáveis norte-americanos que se deslocaram às instalações da RARET ao longo dos anos e disso deram conta em relatórios escritos, como foi o caso de John Richardson Jr., em 1962.

A utilização dos meios de comunicação, neste caso da rádio, no combate ideológico não era estranha às autoridades e técnicos portugueses: a Guerra Civil de Espanha foi o exemplo à escala ibérica. Contudo, a operação norte-americana de radiodifusão tinha escala continental, porém direcionada a um velho inimigo: a expansão soviética e o comunismo internacional.

As retransmissões a partir de Portugal permitiram à Radio Free Europe ganhar escala e eficiência, ao ponto de as instalações da Glória do Ribatejo se tornarem num dos maiores e mais potentes centros emissores em onda curta do mundo. Do ponto de vista americano, o relevo atribuído à RARET, em termos comunicacionais, equivalia às facilidades concedidas aos EUA nos Açores, em matéria de defesa militar. Só assim se compreende a posição do governo português de não renovação de ambos os acordos num dos períodos mais agudos da Guerra Fria, o início dos anos 1960.

No entanto, é de salientar que, contrariamente à divulgação do acordo militar com os EUA, amplamente exposto na comunicação social portuguesa da época, o acordo com o National Committee for a Free Europe e as referências ao trabalho desenvolvido na RARET não foram alvo do mesmo tratamento pelo regime. Uma das razões poderá ser a própria natureza e os objectivos da Radio Free Europe, que pretendia combater a opressão soviética em países terceiros, contribuindo para um clima de liberdade e onde fosse possível uma comunicação social sem censura. Seria, portanto, difícil de justificar no plano interno a aliança de Portugal com os EUA, uma vez que o regime promovia a perseguição política através da sua polícia política (PIDE), a existência de presos políticos e tribunais especiais (Plenários), a inexistência de formações políticas à exceção da União Nacional e a censura generalizada. Por outras palavras, as autoridades portuguesas aliavam-se aos EUA para combater as práticas opressoras nos regimes socialistas, contudo, internamente, procediam de forma idêntica.

Por último, as alterações introduzidas no quotidiano das gentes da Glória do Ribatejo são outro elemento a destacar. Uma população rural, cuja principal fonte de rendimentos se baseava na exploração agrícola e na extração da cortiça. Habituada a rendimentos sazonais e sem acesso a cuidados de saúde ou de educação, vê-se subitamente confrontada por uma realidade nova que encara com desconfiança inicial, mas à qual rapidamente adere, reconhecendo as possibilidades de melhoria para o seu quotidiano. A população masculina da Glória foi convocada para a construção das instalações do centro emissor da RARET e demais obras necessárias. Posteriormente, foram contratados para trabalhar como guarda-fios, serralheiros, condutores, mecânicos, entre outras profissões. Igual processo ocorreu junto da população feminina, que assumiu funções como cozinheira, empregada de mesa ou de limpeza. Foram também disponibilizados cuidados de saúde aos empregados e seus familiares, mas também à população em geral.

A vinda dos americanos para a Glória possibilitou uma melhoria das condições socioeconómicas e da assistência na saúde a esta população. Mas, mais do que isso, teve início uma reconversão de trabalhadores rurais em técnicos e operários especializados. As gerações seguintes de glorianos iriam beneficiar ainda mais da presença americana.

A partir da charneca ribatejana combateu-se uma «guerra hertziana» nos primórdios da Guerra Fria, desconhecida da maioria da população portuguesa. Beneficiando da posição geostratégica de Portugal, as autoridades portuguesas disponibilizaram o «éter português», assim como a mão-de-obra necessária para travar o único combate onde verdadeiramente americanos e soviéticos estiveram frente a frente nos céus da Europa.

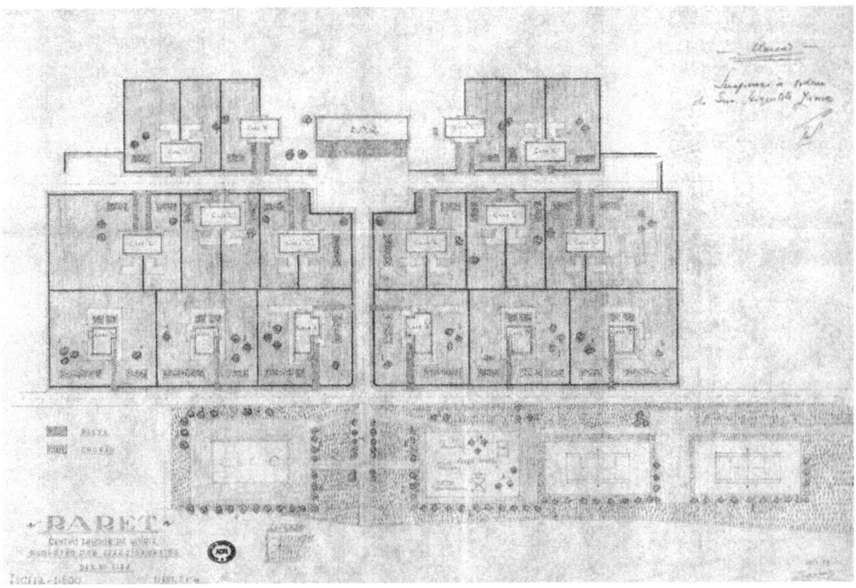

Planta RARET, Centro Emissor da Glória, sugestão dos ajardinamentos
(Bairro dos Funcionários).

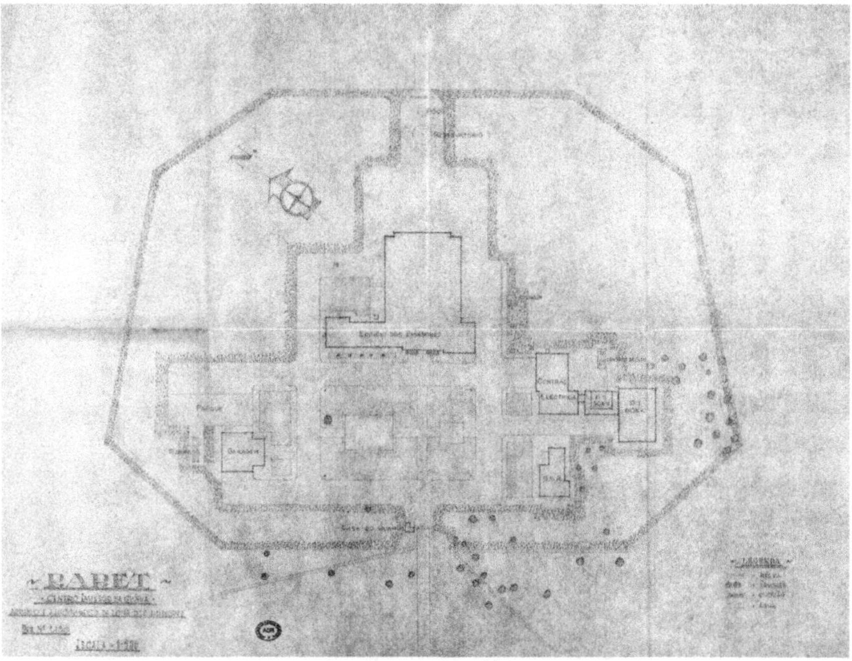

Planta RARET, Centro Emissor da Glória,
arranjos e ajardinamento da zona dos emissores.

Fontes

Fontes de Arquivo:

- ANTT – ARQUIVO OLIVEIRA SALAZAR
- ARQUIVO HISTÓRICO DA FUNDAÇÃO PORTUGUESA DAS COMUNICAÇÕES
- ARQUIVO CREST-CIA/FOIA
- ARQUIVO DA DEFESA NACIONAL – SGDN
- BIBLIOTECA DE ARTE DA FUNDAÇÃO CALOUSTE GULBENKIAN – ESPÓLIO DO ESTÚDIO MÁRIO NOVAIS
- DRE – DIÁRIO DA REPUBLICA ELECTRÓNICO
- STANDFOR UNIVERSITY – HOOVER INSTITUTION LIBRARY AND ARCHIVES
- OAC – ONLINE ARCHIVE OF CALIFORNIA
- OSA – OPEN SOCIETY ARCHIVES / CENTRAL EUROPEAN UNIVERSITY
- WILSON CENTER DIGITAL ARCHIVE
- WWW.USCPUBLICDIPLOMACY.ORG
- WWW.TRUMANLIBRARY.ORG
- WWW.REAGANFOUNDATION.ORG
- WWW.VSOTD.COM/SPEECH-ARCHIVE

Fontes Orais:

Entrevistas realizadas por Sig Mickelson em Lisboa entre 1980 e 1982: Espólio de Sig Mickelson papers, Box 22, Hoover Institution Archives.

- ENTREVISTA – H. GREGORY THOMAS (Vice-presidente RARET)
- ENTREVISTA – ROBERT E. LANG (1.º director da Radio Free Europe)
- ENTREVISTA – CARMEM C. PEREIRA (secretária da Administração RARET 1975- 1981)
- ENTREVISTA – ENG. HORÁCIO NETO (engenheiro-chefe RARET)

Conjunto de três entrevistas realizadas pelo autor da dissertação a três antigos funcionários portugueses da RARET:

- ENG. ALEIXO FERNANDES (responsável pelo parque de antenas da RARET).
- ENG. FILIPE VENTURA (aluno na escola da RARET; professor na mesma escola; responsável das operações e segurança da RARET de 1982 a 1996).
- CRISTÓVÃO ABADE (aluno na escola da RARET; quadro técnico da RARET de 1973 a 1996).

Bibliografia

CAL, Rosa, *Radio Liberty: La CIA en Playa de Pals*, Vision Libros, Madrid, 2017.

CASTAÑO, David, «Portugal e a ONU, a primeira aproximação», *Relações Internacionais*, n.º 47, Setembro de 2015.

COSTA PINTO, António (Coord.), *Portugal Contemporâneo*, Ediciones Sequitur, Madrid, 2000.

CULL, Nicholas J., «Public Diplomacy before Gullion: The evolution of a phrase», *in* SNOW, Nancy, TAYLOR, Philip M., Routledge Handbook of Public Diplomacy, Nova Iorque, 2008.

CUMMINGS, Richard. H, *Cold War Radio: The Dangerous History of American Broadcasting in Europe 1950-1989*, McFarland & Co.,2009.

______, *Crusade for Freedom: Rallying Americans Behind Cold War Broadcasting, 1950-1960*, McFarland & Co.,2010.

EISENHOWER, Dwight D., «The Crusade for Freedom: Truth, our most formidable weapon», *in Vital Speeches of the Day*, vol. XVI, n.º 24, Outubro de 1950.

ELLUL, Jacques, *Propaganda – Uma Análise Estrutual*, Antígona, Lisboa, 2014.

FEINBER, Melissa, *Curtain of Lies: The Battle over Truth in Stlalinist Eastern Europe*, Oxford University Press, Nova Iorque, 2017.

GADDIS, John Lewis, *A Guerra Fria*, Edições 70, Lisboa, 2005.

GARCIA, José Luís, ALVES, Tânia e LEONARD, Yves, *Salazar, o Estado Novo e os Media*, Edições 70, Lisboa, 2017.

GOLIN, Cida e ABREU, João Baptista de (Org.), *A Batalha Sonora: o Rádio e a Segunda Guerra Mundial*, Edipucrs, Porto Alegre, 2006.

GUILDAY, Rev. Peter, «The sacred congregation propaganda fide, *The Catholic Historical Review*, n.º 4, vol. 6, Janeiro de 1921.

HART, Justin, *Empire of Ideas: The Origins of Public Diplomacy and the Transformation of US Foreign Policy*, Oxford University Press, Nova Iorque, 2013.

JOHNSON, A. Ross, *Radio Free Europe and Radio Liberty – The CIA Years and Beyond*, Stanford University, Woodrow Wilson Center Press, 2010.

LASSWELL, Harold, *Propaganda Technique in the World War*, Martino Fine Books, Nova Iorque, 2013.

LEFFLER, Melvyn Paul, PAINTER. S. David, *Origins of the Cold War – An International History*, Routledge, Nova Iorque, 1994.

_____, WESTAD, Odd Arne (ed.), «Origins», *The Cambridge History of the Cold War*, vol. 1, Cambridge University Press, Cambridge, 2008.

LEMOS, Mário Matos e, *Candidatos da Oposição à Assembleia Nacional do Estado Novo (1945-1973). Um Dicionário*, Divisão de Edições da Assembleia da República e Texto Editores Lda., Lisboa, 2009.

LIPPMANN, Walter, «Today and tomorrow: Talking about talking», *Washington Post*, 19 de Novembro de 1953.

LUCAS, Scott, *Freedom's War: the American Crusade against the Soviet Union*, New York University Press, 1999.

LUCENA, Manuel, «Reflexões sobre a queda do regime salazarista e o que se lhe seguiu», *Análise Social*, n.º 162, vol. XXXVII, 2002.

LYNN, Katalin Kádár (Ed.), *The Inauguration of «Organized Political Warfare»: The Cold War Organizations Sponsored by the National Committee for a Free Europe/ /Free Europe Committee*, Central European University Press, Praga, 2013.

MAGALHÃES, José Calvet de, *História das Relações Diplomáticas entre Portugal e os Estados Unidos da América (1776-1911)*, Publicações Europa-América, Mem Martins, 1991.

MAIA, Matos, *A Invasão dos Marcianos + 3 Fantasias Radiofónicas*, Dom Quixote, Lisboa, 2016.

MARCOS, Daniel, *Uma Aliança Circunstancial: Portugal e os Estados Unidos nos Anos 50*, Tese de Doutoramento, ISCTE-IUL, Lisboa, 2011.

_____, «A política externa portuguesa do Ultimato à transição para a Democracia: uma perspetiva bibliografia», in *Relações Internacionais*, n.º 28, Lisboa, 2010.

MARQUES, A. H. Oliveira, *História de Portugal*, vol. III, Lisboa, Palas Editores, 1986.

MASTNY, Vojtech, *Soviet / East European Survey, 1987-1988: Selected Research And Analysis From Radio Free Europe / Radio Liberty*, Routledge, Nova Iorque, 1989.

MATTOSO, José (Dir.), *História de Portugal, vol. 7, Estado Novo (1926 – 1974)*, Círculo de Leitores, Lisboa, 1994.

MAXWELL, Kenneth, «Relações entre Portugal e os Estados Unidos (1776-1820), contributos adicionais», *Relações Internacionais*, n.º 51, Setembro de 2016.

MAZOWER, Mark, *Governar o Mundo – História de Uma Ideia: De 1915 aos Nossos Dias*, Edições 70, Lisboa, 2017.

MEDEIROS FERREIRA, José, «Portugal e os Estados Unidos nas duas Guerras Mundiais: A procura do plano bilateral» *in* RODRIGUES, Luís Nuno (Coord.), *Regimes e Impérios: As Relações Luso-Americanas no Século XX*, FLAD/IPRI, Lisboa, 2006.

MEDHURST, Martin J., «Eisenhower and the crusade for freedom: The rhetorical origins of a Cold War campaign», *Presidential Studies Quarterly 27*, n.º 4, 1997.

MENESES, Filipe Ribeiro de, *Salazar: Uma Biografia Política*, Publicações Dom Quixote, Alfragide, 2009.

_____, OLIVEIRA, Pedro Aires (Coord.), *A Primeira República Portuguesa: Diplomacia, Guerra e Império*, Tinta-da-China, Lisboa, 2011.

MINEIRO, Gonçalo, *O Sonho Americano: A Troca de Bolseiros e Estagiários entre Portugal e os Estados Unidos da América, 1945-1952*, Tese de Mestrado, ISCTE-IUL, 2014.

MOREIRA de SÁ, Tiago, *História das Relações Portugal-EUA (1776-2015)*, Publicações Dom Quixote, Lisboa, 2016.

______, Tiago, GOMES, Bernardino, *Carlucci vs. Kissinger – Os Estados Unidos e a Revolução Portuguesa*, Dom Quixote, Lisboa, 2008.

NYE JR., Joseph S., *Bound To Lead: Changing Nature Of American Power*, Basic Books, 1991.

______, *Soft Power – The Means To Success in World Politics,* Public Affairs, Nova Iorque, 2004.

OLIVEIRA, César, «Oliveira Salazar e a política externa portuguesa: 1932-1968», *in* Fernando Rosas, Jorge Ramos do Ó., César de Oliveira (Ed.), *Salazar e o Salazarismo*, Publicações Dom Quixote, Lisboa,1989.

OSGOOD, Kenneth Allan, *Total Cold War: Eisenhower's Secret Propaganda Battle at Home and Abroad*, University Press of Kansas, 2006.

PAINTER, David S., *The Cold War: An International History*, Routledge, Londres, 1999.

PARRY-GILES, Shawn J., *The Rhetorical Presidency, Propaganda, and the Cold War, 1945-1955*, Praeger Publishers, Westport Connecticut, 2002.

PENA RODRÍGUEZ, Alberto, *O Que Parece É – Salazar, Franco e a Propaganda Contra a Espanha Democrática*, Tinta-da-China, Lisboa, 2009.

PETERSON, Thomas G. e MCMAHON, Robert J, *The Origins of the Cold War*, Hougton Mifflin, Boston, 1999.

PRADOS, John, *Safe for Democracy: The Secret Wars of CIA*, Ivan R., Dee Publisher, Chicago, 2006.

PUDDINGTON, Arch, *Broadcasting Freedom – The Cold War Triumph of Radio Free Europe and Radio Liberty*, University Press of Kentuchy, 2000.

RIBEIRO, Nelson Costa, *Salazar e a BBC na Segunda Guerra Mundial: Informação e Propaganda*, Almedina, 2014.

RIBEIRO, Vasco, *A Empresa de Relações Públicas Norte-Americana Contratada por Salazar (1951-1962) – A Estreia da Ditadura no Modelo Assimétrico Bidirecional no Período pós-António Ferro*, UPFL, Porto, 2018.

RISO, Linda, «Radio wars: Broadcasting in the Cold War», *Cold War History*, n.º 2, vol. 13, 2013.

RODRIGUES, Luís Nuno (Coord.), *Regimes e Império: As Relações Luso-Americanas no Século XX*, FLAD/IPRI, Lisboa, 2006.

______, «George Kennan e as negociações luso-americanas sobre os Açores», *Relações Internacionais*, n.º 4, Dezembro de 2004.

______, *Salazar-Kennedy: A Crise de Uma Aliança*, Editorial Notícias, Lisboa, 2002.

ROLLO, Fernanda, *Portugal e o Plano Marshall. Da Rejeição à Solicitação da Ajuda Norte-Americana (1947-1952)*, Editorial Estampa, 1994.

ROSAS, Fernando, «Da Ditadura Militar ao Estado Novo: a "longa marcha" de Salazar», *in* MATTOSO, José (Dir.), *História de Portugal, Sétimo Volume, O Estado Novo (1926-1974)*, Círculo de Leitores, 1994.

______, BRITO, J. M. Brandão, *Dicionário de História do Estado Novo,* vol. I, Bertrand Editora, Venda Nova, 1996.

______ (org.), *Salazar e o Salazarismo*, Publicações Dom Quixote, Lisboa, 1989.

Rowstow, Walt W., «The Offensive of the International Communist Movement», *in* Patterson, Thomas G & McMahon, Robert J., *The Origins of the Cold War*, Lexingthon, Mass D.C. Heath, 1991.

Safire, William, *Safire's Political Dictionary*, Random House, 1978.

Salazar, António Oliveira, *Discursos e Notas Políticas – 1928 a 1966*, Coimbra Editores, Coimbra, 2015.

Schlosser, Nicholas J., «Creating an "Atmoshere of Objectivity": Radio in the American Sector, Objectivity and the United States Propaganda Campaign against the German Democratic Republic, 1945-1961», *German History*, vol. 29, n.º 4, Dezembro de 2011.

Severiano Teixeira, Nuno, «Breve ensaio sobre a política externa portuguesa», *Relações Internacionais*, n.º 28, Dezembro de 2010.

______, «Da neutralidade ao alinhamento: Portugal na fundação do pacto do Atlântico», *Análise Social*, vol. xxviii, 1993.

Tello, António, *Portugal e a NATO – O Reencontro da Tradição Atlântica*, Edições Cosmos, Lisboa, 1996.

______, *Propaganda e a Guerra Secreta em Portugal: 1939-1945*, Perspectivas e Realidades, Lisboa, 1990.

Torgal, Luís Reis, *Estados Novos, Estado Novo: Ensaio de História Política e Cultural*, vol. ii, Imprensa da Universidade de Coimbra, Coimbra, 2009.

______, Lemos, Mário Matos e, *Candidatos da Oposição à Assembleia Nacional do Estado Novo (1945-1973). Um Dicionário*, Texto Editores Lda., Lisboa, 2009.

Torres, Sílvia, *O Jornalismo Português e a Guerra Colonial*, Editora Guerra & Paz, Lisboa, 2016.

Warner, Michael, «The CIA's Office of Policy Coordination: From NSC 10/2 to NSC 68», *International Journal of Intelligence and Counter Intelligence*, Janeiro de 2008.

Winston, Brian, *Media, Technology and Society. A History from the Telegraph to the Internet*. Routledge, Londres, 1998.

Wu, Tim, *The Master Switch. The Rise and Fall of Information Empires*, Atlantic Books, Nova Iorque, 2010.

ANEXOS

Tabela representativa dos perfis dos entrevistados:

Nome	Eng. Aleixo Fernandes	Eng. Filipe Ventura	Sr. Cristóvão Abade
Idade	95	62	67
Género	Masculino	Masculino	Masculino
Habilitações Literárias	Licenciado em Engenharia Eletrotécnica, IST	Licenciado Engenharia Telecomunicações, ISEL	Curso Técnico Rádio Montador
Profissão	Funcionário da RARET, subdirector. Reformado.	Responsável pela manutenção--operação, segurança. Reformado.	Operador, chefe manutenção. Reformado.
Residência	Lisboa	Marinhais	Glória do Ribatejo
Naturalidade	Lisboa	Glória do Ribatejo	Glória do Ribatejo
Características pertinentes para entrevista	Fez parte do primeiro grupo de engenheiros do IST contratados para a RARET em 1951. Chefe de manutenção e responsável pelo parque de antenas da RARET. A partir dos anos 1970 foi subdirector técnico da RARET, adjunto do Eng. Horácio Neto, director Técnico da RARET, professor no IST.	Aluno da Escola Industrial RARET. Professor na mesma escola de 1978 a 1982. Funcionário da RARET de 1982 a 1996. Responsável pela Segurança e Operações. Integrou a equipa instaladora dos emissores da RARET, transferidos para a Radio Free Asia nas Ilhas Marianas em 1997-1998.	Aluno da Escola Industrial RARET. Funcionário da RARET de 1973 a 1996. Entra ao serviço da RARET como operador de rádio de 3.ª classe em 1973, após o SMO. Termina a carreia como chefe da manutenção. Integrou a equipa instaladora dos emissores da RARET, transferidos para a Radio Free Asia nas Ilhas Marianas em 1997-1998.

Créditos das imagens

As imagens nas páginas 9, 17, 21, 94, 113, 114 e 115 são da autoria de Mário Novais e estão depositadas na Biblioteca de Arte da Fundação Calouste Gulbenkian, que gentilmente as cedeu para este livro. Estão disponíveis em: https://www.flickr.com/search/?user_id=26577438%40N06&view_all=1&text=raret.

Nas páginas 33, 34, 89, 139 e 140 reproduzimos imagens provenientes do ADN – Arquivo de Defesa Nacional, cota PT/ADN/SGDN-1REP/058/0216/038.